PÉLADAN

LES IDÉES ET LES FORMES

INTRODUCTION

À

L'ESTHÉTIQUE

PARIS
LIBRAIRIE INTERNATIONALE D'ÉDITION
SANSOT et Cie
SAINT-ANDRÉ DES-ARTS, 53

1907

INTRODUCTION
A
L'ESTHÉTIQUE

DU MÊME AUTEUR

Les Idées et les Formes

LA TERRE DU SPHINX (Egypte), 1900.
LA TERRE DU CHRIST (Palestine), 1901.
LA DERNIÈRE LEÇON DE LÉONARD DE VINCI.
ORIGINE ET ESTHÉTIQUE DE LA TRAGÉDIE.
LA CLÉ DE RABELAIS (secret des compagnons).
DE PARSIFAL A DON QUICHOTTE (secret des troubadours), 1906.
INTRODUCTION A L'ESTHÉTIQUE, 1907.

La Décadence latine

I. LE VICE SUPRÊME (1884).
II. CURIEUSE (1885).
III. L'INITIATION SENTIMENTALE (1886).
IV. A CŒUR PERDU (1887).
V. ISTAR (1888).
VI. LA VICTOIRE DU MARI (1889).
VII. CŒUR EN PEINE (1890).
VIII. L'ANDROGYNE (1891).
IX. LA GYNANDRE (1892).
X. LE PANTHÉE (1893).
XI. TYPHONIA (1894).
XII. LE DERNIER BOURBON (1895).
XIII. FINIS LATINORUM (1898).
XIV. LA VERTU SUPRÊME (1900).
XV. « PEREAT ! » (1901).
XVI. MODESTIE ET VANITÉ (1902).
XVII. PÉRÉGRINE ET PÉRÉGRIN (1904).
XVIII. LA LICORNE (1905).
XIX. LE NIMBE NOIR (1906).

Les drames de la conscience

LA RONDACHE (1906).

Amphithéâtre des sciences mortes

I. COMMENT ON DEVIENT MAGE (éthique), in-8°, 1891.
II. COMMENT ON DEVIENT FÉE (érotique), in-8°, 1892.
III. COMMENT ON DEVIENT ARTISTE (esthétique) in-8°, 1894
IV. LE LIVRE DU SCEPTRE (politique), in-8°, 1895.
V. L'OCCULTE CATHOLIQUE (mystique), in-8°, 1898.
VI. TRAITÉ DES ANTINOMIES (métaphysique), in-8° 1901.
VII. LA SCIENCE DE L'AMOUR, in-8°

PÉLADAN

LES IDÉES ET LES FORMES

INTRODUCTION

à

L'ESTHÉTIQUE

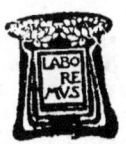

PARIS
BIBLIOTHÈQUE INTERNATIONALE D'ÉDITION
E. SANSOT et Cie
53, RUE SAINT-ANDRÉ DES-ARTS, 53

1907

DU MÊME AUTEUR

La Décadence esthétique.

(*Les XXV ouvrages antérieurs de cette série son épuisés*).

L'ART OCHLOCRATIQUE, in-8, 1888.
L'ART IDÉALISTE ET MYSTIQUE, in-18, 1894.
LE THÉATRE DE WAGNER (les XII opéras, scène par scène), 1895.
LA RÉPONSE A TOLSTOÏ, in-18, 1898,
RÉFUTATION ESTHÉTIQUE DE TAINE.
INTRODUCTION à l'histoire des peintres de toutes les écoles depuis les origines jusqu'à la Renaissance.
L'*Orcagna* et l'*Angelico*.
LES XI CHAPITRES MYSTÉRIEUX DU SEPHER BERESCHIT, 1894.
LA SCIENCE, LA RELIGION ET LA CONSCIENCE, 1893.
LE PROCHAIN CONCLAVE (instructions aux cardinaux) 1898
SUPPLIQUE AU PAPE POUR LE DIVORCE, 1904

LE FILS DES ÉTOILES, comédie lyrique en 3 actes, le 19 mars 1891, aux soirées de Rose + Croix, et le dimanche, et le lundi de Pâques, 1893, au Palais du Champ de Mars.

BABYLONE, tragédie en 5 actes, les 11, 12, 15, 17 et 19 mars 1893, au Palais du Champ-de-Mars ; le 28 mai 1894, au théâtre de l'Ambigu et le 30 mai au théâtre du Parc, à Bruxelles.

ŒDIPE ET LE SPHINX, tragédie en trois actes, les 1ᵉʳ août 1903, au théâtre antique d'Orange par les artistes de la Comédie-Française et de l'Odéon.

SÉMIRAMIS, tragédie en 4 actes, *le 24 juillet 1904, à l'amphithéâtre antique de Nimes*, par les artistes de la Comédie-Française ; le 23 juillet 1905, pour l'inauguration du THÉATRE ANTIQUE DE LA NATURE, à Champigny sous la présidence de M. le ministre de l'Instruction publique et des Beaux-Arts, par les sociétaires de la Comédie-Française ;

THÉATRE PUBLIÉ

LE PRINCE DE BYZANCE, 1893, *épuisé*.
LE FILS DES ÉTOILES, 1894, *épuisé*.
BABYLONE, 1895, *épuisé*.
LA PROMÉTHÉIDE, 1896.
ŒDIPE ET LE SPHINX, 1903, *Mercure de France*.
SÉMIRAMIS, 1904, *Mercure de France*.

EN EXPECTATIVE :

S. FRANÇOIS D'ASSISE.
CÉSAR BORGIA
CAGLIOSTRO.

INTRODUCTION A L'ESTHÉTIQUE

AU LECTEUR

Qui écrit, enseigne ; qui rassemble, conduit. Il faut une théorie à toute recherche, à toute nef une orientation.

La certitude apporte avec elle la paix spirituelle, et d'autres que les mathématiciens la peuvent posséder. Surtout en matière de sensibilité les principes sont inestimables, ils légitiment nos plus hauts plaisirs. Plusieurs prétendent que le génie sait fort bien se faire entendre, sans aucun truchement et que le pédagogue est odieux qui vient mettre l'astérique pour indiquer « ici on admire ».

J'ignore les mœurs du génie et comment le chef-d'œuvre se conduit à son ordinaire : il a sans doute quelque égard aux personnes, mais auxquelles, et qui se flattera d'être de celles-là ?

Il me paraît expédient de faire d'abord sa révérence, c'est-à-dire de se présenter congrûment devant l'ouvrage d'art, en toute humilité.

On fait mal en ce temps, on parle plus mal encore et la niaiserie synthétique des augures s'étale dans cette définition : « L'art, c'est la vie. » Cela paraît la définition du quotidien et de l'instantané : le reporter et le photographe valent mieux, comme témoins, que le poète et l'artiste.

La Vie s'entend du mysticisme de Franck et du vacarme de Mascagni; de la pensée de Lacuria et d'Hello comme de celle de M. Bourget; du roman de d'Aurevilly comme de celui de Zola; de l'estampe de Rops et de celle de Caran d'Ache. Les uns voient la vie au Moulin de la Galette, et les autres à Notre-Dame. La vie plus illimitée que l'Océan, n'a point de bords. Dans l'homme, elle affecte trois plans : le physique, l'affectif, le spirituel. Admettez-vous qu'il en soit des œuvres comme des hommes, et qu'ils vaillent selon leur hauteur intellectuelle, leur noblesse morale et leur beauté typique? Cela seul constituerait une esthétique.

Voyez-vous la vie restreinte à l'intimisme ou acceptez-vous la représentation d'une cérémonie officielle sous la troisième République?

On est en veston le matin, en jaquette l'après-midi, et en frac le soir. Supportez-vous ces formes, et la redingote envolée de Gambetta, et la plus sage de Jules Simon?

Sous cette rubrique, tout peut passer et surtout le dilettantisme. Vous n'êtes pas de ceux qui veulent faire de l'art un cabinet d'amateurs : vous savez que la Beauté a une mission civilisatrice. Le peuple, par son ingénuité même, se révèle chaque jour plus apte que la bourgeoisie, à sentir profondément les hautes inspirations et les spectacles grandioses.

L'art a été la littérature de l'humanité jusqu'au jour du pullulement du livre. Avant l'imprimerie, on regardait au lieu de lire. Quiconque sait le catéchisme et la *Légende Dorée* comprendra sans effort toutes les fresques. Or, je voudrais connaître le poème qui vaut, comme synthèse humaine et claire, le *Triomphe de la Mort* d'Orcagna?

La blague de Voltaire non plus que le pédantisme matérialiste n'ont rien changé au problème des fins dernières; et la légende des trois morts et des trois vifs offre toujours le même sens infiniment pathétique.

Au risque de passer pour ignorant du prétendu mystère pictural, j'avoue que les portraits des rois, des nobles et des prélats m'assomment comme m'eussent assommé les originaux : la valeur historique est nulle en esthétique. Le tableau document, si prisé des escribouilles, n'importe nullement à un homme qui cherche des motifs d'imagination.

Si l'Italie vous fait peur, par la multiplicité de ses merveilles, allons rétrospectivement à l'exposition des Primitifs Français où il n'y avait nul primitif, mais un honnête *cinquetento*.

La *Vierge mère* de Fouquet, le *Couronnement de la Vierge* de Charonton, le *Buisson ardent* de Nicolas Froment, Clouet et Cousin, donneront aisément lieu à une suite de règles.

Fouquet choisit pour modèle la plus belle dame de France, Agnès Sorel ; Charonton donne la plus naïve majesté au Père et au Fils, et Froment, qui fait penser à Fra Bartolomeo par son Saint Siflrein, ose une trouvaille de symbole et de pittoresque à la fois, en nous montrant la Vierge dans le buisson, comme eut fait l'Inde, au lieu d'un Jéhovah effrayant.

Ces œuvres d'un sentiment original, très différent de celui d'Italie, se recommandent toutes par l'extrême fini de la touche.

Intercalez-en une, dans un Salon, et nul ne croira qu'elle appartient à la même race que celles exposées. Laissons les sujets : nos peintres seraient capables de reproduire le buisson tout seul sans la Vierge, sans les prophètes ; leur touche serait celle du peintre de décors. Que les motifs soient changés, rien de plus naturel, mais qu'il n'y ait plus de motifs, cela m'étonne. Je ne plaide ni pour l'anecdote, ni pour l'allégorie, ni même pour le style. Il y a deux motifs, deux seulement essentiels, la forme humaine et la personnalité humaine.

Clouet n'a pas peint de formes, mais des personnes, et il les a peintes avec une perfection matérielle bien rare. Quant à Cousin, c'est un grand maître styliste qui n'a rien à faire dans le débat : il écraserait tous nos contemporains.

L'étude et la pratique constante de n'importe quel procédé d'art produit une espèce d'abrutissement; le peintre a des pollutions optiques, et le musicien des pollutions auditives très voluptueuses, mais qu'ils ne peuvent communiquer. Quelqu'un me parlait l'autre jour des jouissances infinies qu'il trouvait à peindre un citron, un torchon et des huîtres. L'artiste ne peut être un halluciné ou un intoxiqué, un fumeur ou un mâcheur d'herbe : il est artiste dans la proportion où il donne des sensations esthétiques. Ceux qui ne veulent que se contenter eux-mêmes n'ont pas de titre à nous éblouir de leurs joies solitaires. Si la littérature ne consistait qu'à aligner des mots et à accoupler des rimes, elle serait une marqueterie, encore que la marqueterie suppose un dessin précis et une manière de composition.

On peut dire que l'œuvre doit avoir une âme : mais si on me dit qu'un intérieur, c'est-à-dire une cheminée et des fauteuils dégagent de l'âme, ainsi que les fleurs et les fruits, je ne comprends plus, c'est trop littéraire pour moi. Un balai pour figurer le sabbat, un gant pour une femme, un poignard pour un crime, c'est du hiéroglyphe ou du rébus. Que m'importe ce que voit un peintre ; je juge ce qu'il me fait voir ; et je me place au sens général du plus grand nombre qui a entendu un peu de musique classique, qui va au théâtre et qui li.. Ce personnage moyen n'a que faire du procédé, il se plaît à la belle réalité.

Quand la réalité est-elle belle ? Et qu'est-ce que la Beauté ?

La réalité est belle quand elle réalise la notion intérieure qui existe en nous. La maîtresse dite du Titien, au Salon Carré, réalise notre notion intérieure d'une femme désirable.

La Joconde représente un thème beaucoup moins précis : elle ne correspond pas à la concupiscence : elle excite notre imagination ; son charme spirituel nous domine : et lui plaire, représente un plaisir d'orgueil. Sur la même cimaise, la Saskia de Rembrandt nous regarde, sans intéresser ni notre sexualité ni notre imagination. Un peu plus loin, l'Infante de Velasquez, piteuse et inexpressive en son accoutrement, nous révèle la laideur.

Nous avons là quatre versions de

la vie : celle typique du Titien, celle individualiste de Léonard, celle intimiste de Rembrandt, et la quatrième quelconque de Velasquez.

La première intéresse tous les hommes, elle glorifie l'espèce, la seconde intéresse beaucoup d'hommes, car elle agit comme coquette transcendantale, en Célimène du mystère ; Saskia et l'infante ne parlent qu'aux amateurs et ne leur donne d'autre plaisir que celui de juger et de se sentir compétent en ton, en touche...

C'est une prétention grotesque ehez l'artiste que de prendre son pinceau pour une baguette magique et de nous donner à admirer sa seule habileté. L'Idiot de Vélasquez est authentique mais je plains celui qui s'y plaît.

L'art qui nous familiarise avec la laideur nous déprave ; au lieu d'exalter en nous la notion de perfection, il nous fait concevoir une sentimentalité fausse et délétère : c'est du moins mon avis. Quel est le vôtre ? Nous sommes d'accord, ce semble, sur le Titien et le Vinci : mais sur la Saskia et l'Infante, nous devons différer ?

La vie se manifeste par le mouvement et l'art par l'immobilité. Il y a là une antinomie à réduire ?

La forme du vêtement masculin s'appelle l'informe et sa couleur l'incolore. Conçu de la même façon que le domino, pour effacer à la fois la caste et la personnalité, il oppose à l'artiste une difficulté presque insurmontable, calomniant le corps et poncivant l'individu. Otez la perruque des Rigaud, la fraise des Hals; et les mêmes têtes n'étant plus ni soutenues ni encadrées, deviendront contemporaines. Léonard ne nous donne jamais les modes du temps, il invente un compromis entre le costume et la draperie. La maîtresse de Pandolfo Malatesta a le haut de la tête rasée et la chevelure tirée en arrière parce que c'était la mode, très souvent contradictoire à une physionomie. Nous possédons du reste un élément critique d'une singulière valeur : la photographie. Elle démontre la niaiserie du réalisme. On pourrait, avec l'objectif bien manié, constituer un salon annuel, mais non pas un musée.

Le contemporain qui met des femmes nues dans un paysage, copie la décomposition de ton que le plein air fait subir à la peau ; et cela est laid, comme à la mer, sur les plages. S'il peint une paysanne, il lui laissera sa crasse avec son hâle.

On a toujours su que le travail de la terre fanait et tannait la peau : mais on a eu jusqu'ici de bonnes raisons pour n'en pas tenir compte.

La vibration d'art ne résulte pas d'une imitation documentaire, mais d'une intensification significative. Voilà pourquoi quand on peint le bourgeois, on le rend cocasse par impossibilité de le hausser.

« L'art résume la vie ». Sans doute ; et autant dire l'art est une synthèse ; et comme la vie a trois catégories : les idées, les sentiments et les instincts, l'art est leur confluent. L'œuvre aura donc un corps typique, une âme pathétique et un sens spirituel : car le type est le résumé de la forme ; le pathétique, la mise en activité de l'âme, et l'allégorie, l'expression plastique d'un concept. Le type, le pathétique et l'allégorie constituent le style des Beaux-Arts.

Je crains cependant que vous ne voyez surgir ici le monstre Académique et je suppose qu'un jeune artiste détourné de l'école des Beaux-Arts vienne à vous et vous demande un éclaircissement.

Que lui direz-vous ? J'entends de pratique et d'immédiatement utile ? A votre place, je serais bien embarrassé. Citerez-vous Taine :

« Pour faire de belles œuvres, la condition unique est celle qu'indiquait déjà le grand Gœthe : emplissez votre esprit et votre cœur, si larges soient-ils, des idées et des sentiments de votre siècle, et l'œuvre viendra ! »

Taine a été l'adversaire de la Révolution et de l'Empire, il a abominé l'égalité et aussi le Bonarpartisme. Mais quelles sont les idées du siècle ? Les plus récentes, les plus osées ou les plus anciennes et conservatrices ?

L'anticléricalisme paraît un vif sentiment, et aussi l'aspiration au confort ; ce ne sont point là sources inspiratrices. Faut-il traduire « emplissez votre œil des formes de votre siècle » ? Un homme des Beaux-Arts pense par formes, il étudie par les yeux. Qu'allez-vous lui parler d'idées ? Or, nous avons vu que les formes sont informes, qu'elles présentent une véritable irréductibilité au style.

Au théâtre, le personnage contemporain ne peut ni élever la voix, ni faire un grand geste sans ridicule, ni devenir lyrique, sans paraître faux.

Le costume détermine la mimique. Habillez le Jason à la Belle Jardinière, et ce ne sera plus qu'un homme qui rattache sa chaussure. Le Gambetta de la cour du Louvre donne à rire comme la Liberté de l'Arc-de-Triomphe serait grotesque si elle était habillée et non drapée. Donc, plus de gestes, plus de timbre dans la voix, plus rien d'esthétique, plus rien pour les yeux ou les oreilles.

Coiffez et habillez à la contemporaine Charles Premier, que restera-t-il ?

Lord Wharton sans cheveux et en veston, voyez-vous cela !

Il reste le visage et le nu : mais comme les visages mêmes illustres sont décevants ! Franck, Villiers, Hello étaient laids. Wagner a-t-il l'aspect de son œuvre, et Balzac ? Zola ne ressemble-t-il pas à une caricature ? Et Littré ?

Combien, parmi les contemporains célèbres sont pis que laids, quelconques.

Il faut tomber au pied de ce sexe auquel on doit les modèles. Sans doute, il y a de jolies femmes, mais quel vide épouvantable dans leur œil ! Quel pauvre thème que leur sourire ! La toilette, suprême passion, les a vidées de toute beauté intérieure : la poupée a succédé à la femme. Pour toutes, le Paraclet s'appelle le grand magasin.

Le Romantisme fut vraiment une époque : il ne rompit avec aucune tradition, il les continua. Ingres obéit aux mêmes principes que David ; et Chasseriau, mort à trente-sept ans, Ziegler, Flandrin, Orsel, Baudry, sont des classiques, suivant les règles.

Delacroix, ce génie plus grand qu'Hugo, n'a eu d'influence que sur Gustave Moreau.

Comme il faut une autorisation spéciale pour pénétrer dans la bibliothèque des députés, on ignore généralement le chef-d'œuvre de l'art français. Là, ont été vraiment renouvelés les thèmes grandioses, là s'admirent des pages vraiment cycliques. *Hérodote chez les Mages*, la

Prière aux étoiles, égalent les créations de la Renaissance, et l'invention picturale se joint la hauteur de composition.

Cette décoration prouve que l'artiste puise en lui-même son inspiration, et qu'on peut concevoir aussi grand que les maîtres, sans bizarrerie affectée.

Delacroix a fait des muses, des victoires et des allégories, qui ne doivent rien au passé ; il a continué en quelque sorte l'art des « Chambres », en créateur : et pour cela, il est le maître.

Un état d'esprit produit toujours des œuvres nouvelles, Taine l'affirme.

La faculté d'exprimer le caractère dominant des objets ne se perd pas, selon lui ; et de nouvelles formes apparaîtront. L'histoire le nie. Après Dürer, après Rembrandt, il n'y a plus d'art dans le Nord. La *Transfiguration* de Raphaël marque le commencement de la décadence italienne. Depuis cinq siècles, l'Italie n'a pas vu de nouvelles formes apparaître. Voyez au musée de l'artillerie les sabres de la République et de l'Empire, ils sont ignobles : cependant, quels guerriers que ceux de Valmy et d'Austerlitz !

Le moindre condottiere italien nous a laissé sa médaille, et le colossal Bonaparte n'a pas vu frapper un profil digne de lui.

Nos timbres-poste, nos monnaies, nos insignes, sont d'une laideur imbécile. « La faculté d'exprimer le caractère dominant des objets » se perd, hélas ! Cette faculté n'appartient qu'aux périodes de croissance et la maturité des races ne produit rien. Y a-t-il un homme capable de nouer du laurier autour d'une tête à cette heure ? Il faut répondre par cette autre question : y a-t-il un homme, un seul, qui songe à la postérité et qui ait le culte de la vraie gloire ? Notre art est sans caractère, parce que l'époque ne comporte plus de caractères. La culture s'étend, il y a beaucoup de docteurs et d'agrégés : les âmes, envahies par la contingence, n'aiment plus que la vie elle-même, au lieu d'un rêve.

A Ypres, il y a une halle aux draps monumentale ; on dirait une cathédrale désaffectée : le beffroi n'est qu'un clocher. Les intérêts mêmes légitimes, n'ont jamais pu trouver une expression architectonique, parce que la langue des formes est une langue animique et radicalement idéale. Le Château de Versailles représente une caserne, ou un hospice, ou un hôtel Terminus, vu de la pelouse. Chambord est absurde et Chenonceaux bizarre. J'ai dit souvent que la pierre était muette depuis la grande stupeur de la Révolution : elle est muette depuis la fin du seizième siècle. Il y a quatre cents ans que l'architecture est rentrée dans l'archéologie. Sans doute, nous avons quelques affiches assez drôles et de la typographie luxueuse. Sont-ce là des formes nouvelles ?

L'état des esprits est matérialiste. Plus de renoncement, ni de rêverie. On sait l'étroite alliance entre la plus noble conquête de l'homme et le *noble-homme* : la locomotion automatique a conquis la classe dirigeante. Avez-vous vu ces monstres à fourrures d'esquimaux, à casquettes de mécaniciens, à lunettes de casseurs de pierres, et leurs femmes devenues des sacs ambulants? Ces gens qui ressemblent à des brigands ou à des rouliers, suivant l'heure, voilà notre grand monde. Ils vont manger ou coucher quelque part, sans but, ils vont pour aller. L'hygiène les approuve, soit ; mais les étranges modèles pour un peintre !

L'Art se forme de sentiments désintéressés, pédantesquement — d'objectivité : et il n'y a plus d'objectivité.

Je ne crois pas que la vraie critique consiste en une estimation plus ou moins motivée de la production contemporaine.

Sa fonction haute et utile se montre à conseiller les artistes et à leur faire concevoir et l'essence de l'art, et la nature de leur propre talent.

Se promener à travers un Salon et distribuer des notes comme un universitaire me semble un piteux exercice ; commenter des œuvres où il n'y a que du métier, et faire semblant de découvrir des mondes dans une juxtaposition de teintes, contrepointer snobiquement le thème des valeurs, ne sont-ce pas les plus misérables occupations pour un écrivain ?

Il y a dans les lois de la création artistique, une part de métaphysique, de logique et d'expérience historique que les peintres méconnaissent quand ils ne les ignorent pas. On trouve toujours plus aisé de modifier la théorie que d'obéir à sa discipline.

L'office du littérateur sera donc d'enseigner, ou de rappeler à l'artiste, la méthode traditionnelle, de le prémunir contre les courants dangereux, d'être en un mot son *entraîneur*. Pour cela, il faut que le but soit précis.

Quelle vie possède le caractère esthétique ? On trouve dans l' « Art Moderne » de M. Huysmans, p. 240 : « La Vénus de Milo n'est ni plus intéressante ni plus belle *maintenant* que ces anciennes statues du Nouveau Monde, bigarrées de tatouages et coiffées de plumes. »

Vous lui préférerez celle-ci de Taine : « Il y a pour chaque objet une forme idéale, hors de laquelle tout est déviation et erreur, et l'on peut découvrir un principe de subordination qui assigne des rangs aux œuvres d'art. »

Admettez-vous cette formule ? Elle établit la nécessité de la beauté typique : car le type seul ne présente ni déviation ni erreur, et fournit aussi la hiérarchie des ouvrages.

Une figure, d'abord, doit être conçue idéalement ; en tant qu'objet, elle comporte les qualités de la série.

Gustave Moreau, en vertu de ce principe, a constamment refait le corps d'Antinoüs; et pour les professeurs et les élèves d'aujourd'hui comme pour les Carrache, le type n'est que le poncif.

Evidemment, si on entend par type une forme de musée, une forme antérieure, je le repousse ! Mais le type, au contraire d'une copie, est la composition plastique élaborée par l'artiste d'après le modèle. La femme de Rops, qui ne représente que la féminité générale, diffère des versions précédentes, comme celle de Gavarni différait de celle d'Ingres. Chassériau, dans son *Tépidarium*, a groupé, sous un prétexte antique, des femmes variées, et à la bibliothèque des Députés, la nymphe Egérie et la muse d'Hésiode sont des types, parce qu'on ne les a pas vus ailleurs.

Assignons un rang aux diverses œuvres d'art, non d'après le sujet choisi, mais *réalisé*. Ainsi l'apothéose d'Homère occuperait une place bien plus haute, si elle était réalisée, que l'*Entrée des Croisés* qui l'emporte cependant.

Théophile Gautier lui-même disait

qu'un peintre peignait l'histoire à propos d'un tableau religieux. Cette expression essentiellement bourgeoise englobe un Jugement Dernier, une Bacchanale, l'Assassinat du Duc de Guise, et un 14 Juillet : M. de Neuville, peintre de soldats, appartient à la même catégorie que Delacroix !

Lorsque le fabuliste se dit devant un bloc :

Sera-t-il dieu, table ou cuvette ?

Il pose la question des modes. Quelle différence y a-t-il entre Vénus et Mme Récamier, sinon que l'une correspond à une notion synthétique et représente la qualité d'un rayonnement universel, tandis que l'autre ne manifeste qu'une individualité d'une grâce personnelle ayant sa date et son lieu. Gérard a fait un chef-d'œuvre en comparaison d'une Vénus de M. Bouguereau.

Mais celui qui réaliserait Vénus, l'emporterait sur Gérard. Quand Rubens nous montre Kypris lourde, grasse, et en viande plutôt qu'en chair, avec les tons que l'on voit à l'étal des bouchers, il évoque l'idée de Maritorne : la mère d'Eros ne pourrait se mêler à la Kermesse.

Il est absolument certain que la lourdeur graisseuse convient mal aux figures allégoriques. Il l'est aussi, que Goya nous intéresse à sa *Maja* par l'individualité des formes, et des relations visibles avéc les Vénus du Titien.

On a dit à l'artiste que le rendu seul existait, et il s'est mis en devoir de peindre n'importe qui et tel quel, persuadé que la vileté du sujet ajoutait à son mérite et à notre plaisir.

L'argot dès lors envahit la palette: Hercule devient le lutteur de foire au maillot sale; Atlas, un portefaix; la nymphe, une pierreuse. Déjà Velasquez nous avait infligé ces mémorables pensums, les *Forges*, les *Menines*, les *Buveurs*, les *Fileuses*. Abusant de sa puissance picturale, il nous avait forcés à regarder des laideurs sans nous plaindre. Gageure que cela ! Rembrandt aussi, nous a servi un bœuf dépecé.

Sans être un sot, on peut préférer les Titans aux forgerons, les amours aux menines, et l'ivresse de Dyonisos à celle de paysans espagnols.

De quelle impression mon âme va-t-elle s'enrichir devant l'étal de Rembrandt? Je ne peux que juger et non m'émouvoir. L'œuvre d'art s'adresse à mon sens esthétique.

Le jeu de l'approbation et du blâme est fort médiocre pour qui ne professe pas.

Une belle œuvre, comme un miroir enchanté, me fait voir ce que je ne verrais pas en dehors d'elle : or, un bœuf ne contient rien qu'un motif d'imitation ou de trompe-l'œil. Troyon est ennuyeux comme Paul Potter, puisqu'il ne donne lieu qu'à une idée de vérification naturaliste.

Le lecteur, en entrant au Louvre, où ira-t-il d'abord ? Aux peintres de la vie religieuse ou héroïque, ou indifféremment, vers Lenain comme vers Léonard ? Dans la Galerie Lacaze, que pensera-t-il de la Bethsabée, l'un des plus faux Rembrandt du monde, et de l'Idiot de Velasquez ?

Quelle sera sa méthode de jugement ?

Toute critique suppose un arcane, c'est-à-dire un principe à double face, qui désigne la chose admirable, et aussi l'exécrable.

Si vous admirez le portrait de Richelieu et celui de Bossuet qui **résument vraiment la vie d'une épo-**

que, que pensez-vous des portraits contemporains peints au balai et qui ne résument certes rien ? Si vous admirez ces deux maîtres, pardonnerez-vous l'insolente exécution, l'absence de dessin, l'espèce de néant qui est la manière actuelle.

Car l'esthétique a deux fins : apprendre la contemplation au grand nombre et la création à quelques-uns; former le goût public et accomplir la perception individuelle.

Pour cela il faut faire défiler, en une danse macabre, les chefs de file de diverses époques et les séparer en élus et en réprouvés.

Quels sont vos emparadisés et quels sont vos damnés ?... Quelques noms de ceux qui incarnent une doctrine suffisent à nous éclairer. Mais l'art de M. Bonnat résume la vie officielle de ce temps et celui de M. Henner la vie plastique, et ce ne sont point des hommes d'art, mais des hommes de métier.

Le jeune artiste contemporain se perd s'il écoute l'enseignement officiel, quoique officiellement, il n'y ait pas d'enseignement. Il en faut un : cela ne fait point de doute, à moins d'employer cette détestable plaisanterie d'une école de la nature. Y envoyer quelqu'un, c'est l'envoyer *faire lanlaire!* A une époque rationnaliste et d'une grande activité vulgarisatrice, on ne peut faire fi des traditions sans se heurter à un petit morceau de carton qui a mis les plus beaux chefs-d'œuvre à un sou.

Le bourgeois, peut-être, se plaît aux niaiseries, mais le peuple qui a vu la Cène de Vinci sourit de celle de M. Dagnan et comprend sans le secours d'aucun, qu'il y a des règles pour œuvrer, et qu'en dehors de ces règles on ne fera rien. Le peuple ne veut pas se voir lui-même, ni le voisin, ni le marchand de vin. A un étalage de bazar, l'homme du commun achète surtout des Madones. Pour leur sainteté? Non, pour leur beauté; parce que la Madone ou l'Ange est l'être le plus éloigné de la vulgarité. De jour en jour, l'ouvrier collectionnera des Madones ou des Vénus, tandis qu'on continuera à peindre des blanchisseuses ou des pierreuses. Le peuple est idéaliste d'instinct. Il cherche le grand, le rare, le noble, et l'artiste élabore le petit, le commun et le vulgaire. Le peuple va au Louvre et le peintre au Moulin

Rouge : j'ai vu la grimace d'un public populaire devant l'*Enterrement d'Ornans*. Cette caricature salissait le musée, à leur sens.

Bref, nous arrivons à la faillite du *pittoresque*.

Pittoresque tout ce qui n'est appréciable que pour l'amateur, la peinture pure, ce qui signifie rien moralement : les canaux de Venise ou de Bruges, les bretons et les espagnols, les vieux murs et les chaudrons.

Notez, je vous prie, que ces braves gens, quoique ingénus, ne réclament pas un tableau de cinquième acte, une illustration de drame.

Ils veulent du nu ou de beaux visages : rien de plus. Pour donner cela, il faut de fortes études qu'on ne fait plus.

En vain, vous leur parlerez de l'âme des sites, de l'atmosphère morale. Le paysage, ils l'aiment en décor et l'apprécient au théâtre. Dans un tableau, ils veulent de la beauté. Je crois fort que le pathétique les prendrait autant et plus que la plastique : mais ils ne réclament pas de faits divers ni rien qui sente le tous les jours de la vie.

Le niveau de création s'abaisse,

tandis que celui de la contemplation s'élève, et l'œuvre d'aujourd'hui est au-dessous du public ?

Qui recherchera un point de contact entre les artistes et le public et rendra à l'art son rôle social?

Vous n'êtes point dupe des parades politiques et humanitaires qui encanailleraient la peinture au profit de certaines bandes.

Un tableau ne saurait être une illustration de propagande. Sa destination, de représenter plus que la vie, l'élève au-dessus des conflits temporaires (1).

Il s'agit de fomenter les pensées nobles, généreuses, ou mieux, de cultiver l'idée de perfection par des formes admirables. Un beau corps au repos ne manifestant que l'harmonie de ses proportions est un hymne à la paix.

---

(1) *Réfutation esthétique de Taine* (Mercure de France), 1905.

L'INFLUENCE ALLEMANDE

EN CRITIQUE D'ART

Il se joue, depuis bien des années, une partie formidable entre le génie du Nord et celui du Midi. L'enjeu n'est rien moins que l'hégémonie intellectuelle de l'Occident. Cette assertion paraîtra injustifiée à ceux qui ne sont attentifs qu'aux gros faits imprimés en lettres grasses dans les manuels : cependant, l'invasion n'a pas toujours lieu sous les traits colossaux d'une armée en marche et il y a d'autres guerres que celles de la frontière. Une race, une agglomération ethnique est aussi une sensibilité et un esprit, avec des facultés spéciales et une vocation caractérisée. Chaque fois qu'on laisse cette sensibilité se vicier, cet esprit changer de méthode, on voit les facultés de la race s'atrophier et sa vocation s'éteindre. Une loi historique nous montre que le vaincu s'efforce toujours à se modeler sur le vainqueur, dans l'espoir d'une revanche. Ainsi d'honnêtes citoyens travaillent inconsciemment à l'invasion étrangère, la favorisent, l'acclimatent. D'autres révéleront ce même danger aux matières politiques; je le signale, sur le terrain, si restreint en apparence, de la critique d'art.

Dans les revues doctes et spéciales, elle est allemande : et ce sera mon premier point ; elle est médiocre aussi; enfin stérile, ce sera ma conclusion. Lorsque Diderot s'extasiait sur la gorge de Mme Greuze et applaudissait aux compositions d'un sentimentalisme bourgeois, il ne se souciait guère des règles; il les ignorait. Du moins il vibrait et nous a laissé une vive impression de tout ce qu'il a regardé. Ce fut un esthète, étourdi, mais sensible ! Et la sensibilité est la première condition de l'esthétique ! Le bésicleux qui cherche, loupe en main, le monogramme, le paperassier qui n'attribue un tableau que sur la foi des archives, ne sont pas des critiques d'art.

Incapable de sentir la beauté jusqu'à l'illumination, l'Allemand lourd, lent et positif, a fait de l'esthétique une annexe de l'histoire. Dès lors, le pédantisme s'intronisa, odieusement despotique, au domaine sacré de l'enthousiasme et de la divination. Les hoplites de la culture, chartriers, paléographes, archivistes, s'abattirent, comme mouches en été, sur l'histoire de l'art, et parce qu'ils remuaient des documents, ils crurent comprendre et voulurent enseigner. Taine, tira une esthétique complète de sa science d'annaliste ; la théorie des milieux assura aux érudits le domaine des Beaux-Arts. Ce fut un grand coup porté au génie latin et à l'esprit de synthèse. Le milieu, seul générateur des œuvres : cela dispense le critique de sa plus gênante obligation, l'application d'une doctrine.

Le propre du critique est d'avoir un critère ; comme celui de l'écrivain, de professer une idée ; et celui de l'artiste, de rechercher un idéal. Qu'est-ce que c'est qu'un critère ? La loi même, d'après laquelle, on juge. Si ceux qui traitent de l'art avaient la probité de poser d'abord la formule de leur goût, ils s'exposeraient à d'étranges contradictions : Taine les a sauvés en instaurant un critère d'époque. Avec un cliché pour le moyen âge et un autre pour la Renaissance on disserte... combien vainement ! Pour l'auteur de *Thomas Graindorge*, le Vinci n'a voulu peindre dans les auteurs de la *Cène* que des « Italiens vigoureux » et la *Vierge à la chaise* apparaît une « belle nourrice ». Cette manière élude la psychologie de l'artiste, ramène chaque siècle à ses traits insignifiants et n'explique pas mieux la perversité que le mysticisme.

En échange de ce positivisme qui nie l'âme des œuvres, à force d'insensibilité, l'école allemande serait-elle forte pour les attributions et les dates ? Les catalogues de Munich atteignent au fantastique ! Je prévois une objection et la plus forte : le *Cicérone en Italie*, de Burkhardt, outil de premier ordre, livre de travail merveilleux. Qu'on essaye d'en tirer une phrase définitive et frappée en médaille ; qu'on tâche de lire l'ouvrage au lieu de le consulter, lourdement pédagogique, n'évoquant ni ligne, ni couleur, ni ordonnance, alors qu'une ligne de Théophile Gautier fait voir le tableau.

Peut-être le lecteur se demande-t-il pourquoi la critique ne quitte pas la pinacothèque et ne traite jamais de la statuaire et de l'architecture ? En ces arts, les règles sont si généralement et si essentiellement violées qu'il faudrait les redire toutes pour justifier son blâme. Ce serait forcément sévère, ennuyeux ; et le lecteur ne nous suivrait pas.

Pendant combien d'années, M. Anatole de Montaiglon commença-t-il son salon de la sculpture par cette phrase : « Quelles que soient les variations de la peinture, la sculpture nous console ! » La mentalité du sculpteur affecte une infériorité réelle en face du peintre ; mais les fautes de la ronde bosse paraissent d'autant mieux que les lois qui la régissent sont d'essence rigoureuse. L'œil contemporain perçoit les tons et les nuances ; il ne voit plus les formes; et cela étonne, en France, terre de sculpteurs et d'architectes.

La critique artistique correspond à une nécessité impérieuse. On réunit aisément les chefs-d'œuvre écrits sur ses rayons : les merveilles du dessin sont éparses à travers l'Europe. Il faut maints pélerinages pour acquérir une relative compétence. Raphaël est absent du Louvre, — malgré plusieurs cadres authentiques. Mais que servirait d'aller de fresque en fresque, si on n'avait pas l'émotivité nécessaire pour les ressentir? A Bayreuth, un herr professor me demanda pour quoi la Joconde était le portrait des portraits. « Parce que ce n'en est pas un : la Joconde est un miroir où Léonard s'est regardé avec une complaisance de Narcisse intellectuel : ce fameux sourire est le sien, cette énigme est sa pensée; la Joconde est le portrait authentique du Vinci. » Le savant ne comprit pas : car l'enthousiasme, cette expression si pure de l'amour, comble seul l'abîme qui séparera toujours le simple entendement du génie. Inutilement, le positiviste viendra avec ses dates, ses anecdotes, ses mémoires du temps, pour expliquer les poèmes de l'individualisme : l'œuvre gardera son secret! Vienne un simple, un pur ingénu, il saura par amour, par aspiration!

On n'exprime jamais que soi-même, surtout si on est grand. Donc, l'étude des maîtres se borne à leur psychologie. Le Vinci a imité les traits d'une dame de Florence, mais il a exprimé par eux sa propre pensée ; et l'effet prestigieux résulte de l'antinomie prodigieuse entre le sexe du personnage et son rayonnement cérébral. Tout le monde est apte à juger d'une imitation, même les animaux. Philostrate rapporte que les abeilles se posaient sur les fleurs de Protogène et que les oiseaux attaquaient les fruits de Zeuxis. En ce genre, l'idéal aboutit au trompe-l'œil. Jamais l'art italien ne descendit à l'abrutissement du tableau de fleurs, de fruits, de gibiers et de marée, le *bodegone* naquit en Espagne et s'épanouit en Hollande. L'esprit de la Renaissance, cet admirable humanisme tant blasphémé par les sectaires, ne pénétra jamais en ces deux pays. Christianisée, mais non civilisée, l'Espagne n'eut d'autre muse que l'ardente âpreté de sa foi, et l'art des Pays-Bas, sans contact ni avec la *Légende Dorée* ni avec l'antique, exprima une bourgeoisie confinée dans son bien-être, ayant pour horizon celui de sa fenêtre. Si l'imitation de la nature constitue le but de l'art, la *Femme hydropique* de Gérard Dow l'emporte sur Rome et Florence, et Poussin cédera le pas à Jacob Ruysdaël. Ne voyez plus l'apogée de l'art dans l'*Ecole d'Athènes* ou le regard du *Saint Jean ;* il rayonne dans l'ampoule de verre qu'élève un médecin pour assurer son diagnostic, ampoule qui depuis cinquante ans sert à sacrer les amateurs comme les peintres ! Seulement, l'école moderne, en recevant l'onction de la vulgarité, renonce à la perfection matérielle, aux soins précieux de la touche, à la perspective même : elle ne peint plus, elle brosse, et l'ampoule devient une tache de ligne indécise, comme en fait le balai du décorateur...

En Allemagne, l'évolution, précipitée par la réforme, offre son apogée dans les quatre *Évangélistes* de Munich : l'art meurt avec Dürer. Après 1528, il n'y a plus de peinture allemande jusqu'à Pierre de Cornélius et l'école catholique de Dusseldorf. Cette stérilité, qui dure encore, a été compensée par la floraison musicale. Le Germain, désespérant de ressaisir les prestigieux pinceaux, se fit professeur d'esthétique, et son goût finit par s'imposer. Sa méthode régna en France, dès la mort de Charles Blanc. Celui-là n'était pas un pédant qui commençait une leçon, au Collège de France, par ces mots : « Pinturicchio est un peintre charmant, charmant », et qui traversait toute l'Allemagne avec un service de Saxe posé sur ses genoux, qu'il rapportait à sa maîtresse. Certes, dans Charles Blanc, il y a trop de Louis Blanc : il n'admet pas en son histoire des peintres, les *trecentisti* et les *quattrocentisti;* mais sa grammaire des arts du dessin respecte la tradition et parfois l'énonce bellement. Il avait subi, du reste, l'influence de Chenavard, l'Eminence grise de l'esthétique qui a fourni pendant un demi-siècle, à l'incompétence des écrivains, des jugements définitifs. Gustave Planche et, plus tard, le journaliste About, délayèrent pour la *Revue des Deux Mondes* et pour le *Figaro* les bribes de conversation du grand Lyonnais, qui passa sa vie à disserter et y perdit la voix et la gloire. Les Goncourt l'ont caricaturé sous les traits de Chassagnol dans *Manette Salomon*. Je me souviens d'un déjeuner avec Joséphin Soulary, Paul Mariéton et Chenavard, où ce dernier m'éblouit par sa connaissance des filiations entre les génies. Il n'était pas tendre pour les modernes : « Quand un art est fini, le paysage apparaît ; c'est la nature qui vient s'ébattre sur les ruines de la création humaine », disait-il. Le peintre des *Cartons du Panthéon*, si injustement oublié, aurait pu fonder un enseignement ; nul ne songea à lui en offrir les moyens, et Taine succéda à Charles Blanc. Dès lors, le goût fut perdu, à tel point que M. Müntz devint suppléant dans cette chaire d'esthétique qui exige un métaphysicien. Cet érudit était un Germain, à sa place dans une bibliothèque et aux travaux documentaires, mais incapable de comprendre l'art et surtout de formuler des règles devant un auditoire latin. Je ne relèverai pas ses erreurs sur les Primitifs, parce que les œuvres en question pourraient être mal connues du lecteur; je le suivrai devant les chefs-d'œuvre officiels où l'admiration n'a plus qu'à préciser ses termes et à les accorder avec une doctrine. « Michel-Ange a deviné notre mélancolie, nos angoisses, les doutes de l'âme sur elle-même et ses révoltes contre la société. » Michel-Ange, de tempérament bilieux, irascible, défiguré par un coup de poing de Torregiani, admirateur secret de Savonarole et gibelin comme Dante, était rageur et non mélancolique, il n'a jamais douté de son âme et, sauf l'envie et l'orgueil, fut un bon chrétien, sans pitié pour les révoltes, partisan aveugle du despotisme. Déjà, Taine s'était écrié, au tombeau des Médicis : « Voilà l'art moderne tout personnel, l'art devenu une confidence », sans ajouter que cet aboutissement était lamentable et engendrerait le Bernin et l'Ammanato. « Michel-Ange et Léonard ont apporté leur idéal avec eux, en venant au monde, tandis que Raphaël a graduellement élaboré le sien. » Cette phrase en impose à celui qui ne se souvient pas des dates. A vingt-six ans, le Sanzio commençait la *Chambre de la Signature*, son chef-d'œuvre, et on nous parle d'élaboration lente ! Il est vrai qu'on nous le dit dans la *Revue des Deux Mondes*, et on ajoute : « Raphaël ne tenait pas sa supériorité de la nature, mais de l'étude. » Rien de plus inexact, à l'examen de ses dessins qui, plus ou moins beaux, sont toujours heureux et d'une arabesque facile. Personne n'a dessiné si vite que le Sanzio : aucun tâtonnement, des contours clairs, précis et ronds, pas trace de griffonnages... L'artiste est tellement doué qu'il ne cherche pas le mieux parce qu'il trouve le bien, du premier coup. A voir la série des madones si variées, si diversement belles et si unanimement gracieuses, on reconnaît des dons tels que l'idée de travail et d'étude disparaît. Enfin, et cela sera péremptoire, qu'on lise le catalogue de l'œuvre sans omettre les compositions pour Marc-Antoine Raimondi, et il apparaîtra que, mort à trente-sept ans, Raphaël a été le plus fécond des maîtres. A propos de Jacopo della Quercia, M. Müntz dira : « Ce ne fut pas Michel-Ange sculpteur, mais bien Michel-Ange peintre qui mit ces sculptures à contribution. » Idéalement, Michel-Ange peintre n'existe pas ; le *Jugement* et les pendentifs sont dessinés en statuaire, et ces derniers tendent à l'illusion du haut relief. Cette distinction erronée ne s'applique pas même à la Sainte-Famille de la Tribune, qui offre littéralement un bas-relief peint. Sans cesse, M. Muntz se demande si Raphaël croyait au miracle de Bolsène, et un de ses fidèles sectateurs, appellera Léonard un déiste. Est-ce la peine d'avoir brassé les paperasses d'une époque pour la méconnaître à ce point! Au xve siècle, il y avait des platoniciens, des mystiques, des sorciers, mais aucun déiste. Humanistes et artistes avaient reçu l'éducation catholique et vivaient en familiarité avec le culte comme ils œuvraient en conformité avec le sentiment du clergé. La religion constituait leur habitude mentale : tièdes, distraits peut-être, ils ne discutaient pas. Léonard dit dans ses cahiers : « Quant aux écritures, ce sont suprêmes vérités. » Mais M. Müntz, lui, se scandalise d'une *Madone au Chat*; il trouve que le Vinci, « en présence des sujets religieux, aime à tourner quelque peu autour ». Qu'est-ce que cela signifie ? L'*Adoration* et la *Cène* ne sont-elles pas abordées franchement, dans le sens le plus traditionnel ! Taine a vu du vice dans Léonard ! et M. Müntz « tant de faiblesses de caractère avec un mélange de Méphistophélès... » Quoi ! cet Apollon artiste aurait quelque chose du cuistre infernal que Gœthe a composé de ses mépris d'humaniste, de ses haines d'occultiste ! Autant dire qu'il y a du Caliban dans Prospero ! Le herr professor avait de bonnes raisons pour ne pas voir le diable peint à Weimar d'un trop mauvais œil, car il incarne l'esprit allemand. Beckmesser et Méphistophélès sont un même personnage : la tabulature et la goethie sont les aînées du grimoire documentaire où il est écrit : « Je suis l'esprit qui nie sans cesse. Ce que vous nommez péché, destruction en un mot, le mal, est mon élément. Je suis une partie des ténèbres qui enfantèrent l'orgueilleuse lumière qui maintenant dispute à sa mère, la nuit, son ancien rang et l'espace. » M. Müntz, en voie d'admiration, ne sait plus où s'arrêter. « Michel-Ange n'eût-il peint que le plafond de la Sixtine, qu'il se serait révélé un *architecte* de génie, tant il a mis de netteté, de vigueur, je serais tenté d'ajouter de couleur dans les moulures, les entablements et les socles. »

Comme Signorelli n'est pas officiellement admiré, on parlera avec doute « de ses études anatomiques, de sa recherche de la musculature et de sa passion pour les effets de torse. » Mais on ne demandera pas compte au Buonarotti de son hyperbole continuelle dans les mouvements, de son invariable vision de gigantomachie : on n'indiquera pas même que la saillie du muscle va jusqu'à l'incorrection et devient une faute de dessin. M. Müntz salue en ce théocrate un démocrate, un précurseur de la Révolution, et s'il n'ose pas le dire, il le suggère. Entre ces murs qui n'ont entendu que le chant *a capella*, il écoute presque la *Marseillaise*, car Taine a eu cette impression. Le même sectarisme qui rendra Rio injuste pour l'*École d'Athènes* et les œuvres nues, se manifeste dans le sens opposé ; et l'école d'Auguste Comte *positivise* ce qu'elle veut admirer : exorcisme laïque et dérisoire ! Chaque coterie intellectuelle se dispute les vieux génies pour les transformer en ancêtres. Est-il rien de plus fou que de violenter le passé pour y retrouver les préoccupations présentes, de voir un Luther dans Savonarole, un sceptique en Léonard ! Autant vaudrait leur mettre sur la tête notre hideux chapeau : nos idées leur sont aussi étrangères que nos formes et nos modes. Le genre Müntz a sévi simultanément à la *Revue des Deux Mondes* et dans cette *Gazette des Beaux-Arts*, fondée par Charles Blanc, avec un tout autre esprit que l'actuel... M. André Michel présente le *müntzisme* à l'état aigu : « Il reçut de la Providence l'œil le mieux organisé, le plus merveilleusement sensible, le plus « juste » dont elle ait jamais fait don à un mortel. » Vous croyez qu'il s'agit d'un grand maître ; il ne s'agit que d'un paysagiste, de Corot.

« Lorsqu'il a abordé l'étude de la forme vivante, il s'est montré l'égal des plus grands maîtres. » Vous pensez qu'il est question de Poussin?

Non ! de Corot !

A employer ce procédé d'éloge académique, j'aime mieux la sensation d'art de d'Aurevilly. Il n'entend rien à la peinture et n'y prétend pas entendre, il en voit rarement ; un ami l'a amené devant un Théodore Rousseau, le grand écrivain a vibré, il rentre, et d'une plume de pourpre, truculente et sincère, il écrit : « Théodore Rousseau est le premier paysagiste de ce temps et même de tous les temps. » L'émotion jaillit de cette âme passionnée en dehors de toute idée pédagogique : il nous a avertis, du reste, qu'il s'agit de sensations d'art et non de jugements.

Un autre spécialiste, écrira : « En dépit du génie de Giotto, d'Angelico et de Masaccio, l'inexpérience de leur technique devait conserver à leurs œuvres un air de timidité naïve. » — Cela serait discutable même pour le Giotto : chez Fra Giovanni, la naïveté vient du cœur et non de l'inexpérience. Les modelés du *Couronnement de la Vierge* au Louvre sont des merveilles d'habileté technique. Quant à Masaccio, au Masaccio de l'église des Carmes à Florence, sa timidité, sa naïveté et son inexpérience, paroles d'halluciné. N'a-t-il donc pas vu le denier trouvé dans la gueule du poisson, la scène de l'Aumône, la guérison du paralytique ? Et quelle ordonnance pondérée, quelles draperies qu'on n'avait plus vues depuis l'époque romaine ! Là, s'admire la première femme nue de l'école italienne !

Il y eut aussi, à la *Gazette des Beaux-Arts*, un homme extraordinaire, M. Eugène Guillaume, qui assuma le dangereux honneur de contredire Léonard de Vinci en matière de dessin et de l'emporter ! Le Conseil supérieur de l'Instruction publique, après mûr examen, conclut contre M. F. Ravaisson, coryphée du Florentin et donna gain de cause au susdit M. E. Guillaume. Ce fait mémorable porte la date de 1866 : il montre quelle maçonnerie puissante forment entre eux les critiques assermentés des revues spéciales. Si on se retourne vers l'autre presse, le spectacle ne consolera pas. Tout ce qui tient un pinceau ou un ébauchoir a tremblé, pendant combien d'années, sous la branche de houx que tenait, à la Basile, M. Albert Wolf, l'ignorant le plus odieux d'un genre où ils pullulent.

Quelles facultés exceptionnelles demanderait l'unique article que le *Figaro* consacre au Salon, au matin de l'inauguration ! Deux mille œuvres à voir en quelques heures ! Un esthète consciencieux en deviendrait fou, un reporter s'en amuse. Cette critique de la veille porte sur le public et décide de son goût. La Revue ne prend la parole — que l'actualité cessée. Ainsi le veut le besoin d'information et, du reste, la critique pédante, si tranchante aux questions d'art ancien, ne touche aux contemporains qu'avec prudence. Aucun cliché ne guide : il faut donner une opinion personnelle et cela offre des dangers. Charles Blanc, qui connaissait les règles, met des mitaines de la plus fine soie pour reléguer à un plan inférieur les inexistants : « il ne viendra à l'idée de personne de placer MM. Desgoffes, Bergeret, Vollon et Philippe Rousseau à la hauteur de Poussin, de David, de Prud'hon, d'Ingres ou de Delacroix. » Quelques lignes plus loin, on butte à telle pierre d'achoppement : « La manière de Gérome est à peu près celle d'Ingres ! » et, cependant, le fondateur de la *Gazette des Beaux-Arts* ose dire que Meissonier ignore la perspective. Le peintre de la *Rixe* fut un moment le peintre national, lui qui faisait répandre de la farine dans sa cour, pour peindre vraie la neige de sa retraite de Russie. « Après cela, on peut croire que M. Detaille sème de la graine d'épinard dans son jardin pour lui dérober ses secrets ! » disait Rops.

Théophile Gautier, qui copie le chef-d'œuvre en le décrivant, qui a parlé des Vénitiens comme nul, autre, s'écrie devant Meissonier : *maxima in minimis*. Baudelaire, seul, protesta contre le pitoyable peintre de genre. Si ceux qui prétendent au rectorat esthétique ne savent pas rétablir la doctrine, à propos des œuvres contemporaines, quel sera leur office? Meissonier, représentant une ordonnance, ne vise qu'à colorer un costume et un intérieur ; il n'exprime ni un individu, ni un mouvement typique, il copie un uniforme dans l'ignorance forcée de l'allure qu'il comportait. Conçoit-on un plus misérable emploi de la couleur ? Les mêmes critiques, qui reprochent à Raphaël d'avoir mis dans la *Transfiguration* des figures qui ne prennent pas assez de part à l'action et qui ne sont là que pour leur beauté, ces mêmes Aristarques appelleront Meissonier « le roi des peintres de chevalet » — alors que le plus mince Hollandais le surpasse.

L'incompétence des érudits entraîne des conséquences matérielles. On sait que le Louvre dispose de bien peu pour ses acquisitions : à ce point qu'on a voulu le fermer pour l'enrichir, y mettre un tourniquet pour y faire entrer quelques médiocrités, comme ce Lawrence de 75.000 francs si médiocre, si laid et si nul pour l'enseignement. L'école anglaise ne vaut pas d'être représentée dans un tel sanctuaire, car elle ne peut rien apprendre. Qu'on sauve plutôt, au Palais des Papes d'Avignon, les sublimes fresques qui achèvent de mourir. On a vu, au Salon Carré, un tableautin, *Apollon et Marsyas*, qui a été payé 200.000 fr. Ce tableau n'avait pas de papiers et les critiques à l'allemande, forcés de juger de la peinture sur elle-même et non d'après des archives, ont perdu la tête, car le nom de Raphaël avait été prononcé par un habile Anglais. M. Müntz, qui regardait sans voir, place cette œuvre à l'époque des *Trois Grâces* de Chantilly, pour faire plaisir au vicomte Delaborde.

Or, il existe, à l'Académie de Venise, un papier marron catalogué au nom du Spagna par le marquis Cicognara qui est le projet de cette peinture que j'attribue à un inconnu de Pérouse, à un élève de Caporali ou de Bonfigli. Les erreurs de 200.000 fr. comptent pour un maigre budget et celle-là incombe à la critique spéciale et à la méthode allemande, qui appelle le Vinci « le grand sceptique ».

Cette école positive repousse avec détestation tout ce qui n'est pas scripturaire ; si elle se trompe, ce sera doctement, avec une énorme pinacographie ; et l'honneur de la corporation sera sauf. Jamais sa sensibilité ne s'éveille : elle ne veut pas éprouver l'art, elle le documente. Elle fait la biographie des personnages peints par Raphaël ou déterre les contrats passés entre les artistes et les municipes. En face d'une œuvre, elle la regarde à peine, elle évoque ses prédécesseurs, ou ses successeurs : le chef-d'œuvre devient un thème d'érudition et la critique d'art se réduit à de la critique historique, et quelle critique ! Une enquête policière, mesquine, qui n'arrive jamais aux mobiles vrais, parce qu'il faut sentir, même en histoire, et choisir, même en matière de documents. Comme en France le prestige de la Revue donne son poids à l'écrivain, les gens de la *Gazette des Beaux-Arts* ont exclusivement choisis, pour les beaux livres, ceux qu'une illustration de premier ordre fait entrer partout où il y a du luxe. L'esthéticien patenté influe aussi sur les ventes de collections et garde quelque autorité auprès des gens de l'hôtel Drouot. Quant à l'administration, étrangère à l'art, elle écoute avec une déférence sincère ces spécialistes promis, sinon promus, à l'Institut.

Ainsi vont les Beaux-Arts en France.

Un Paul de Saint-Victor, véritable peintre en littérature, passe pour fantaisiste parce qu'il possède la faculté indispensable: l'enthousiasme. Rien ne fomente l'ennui comme l'énumération des erreurs: pour utile que ce soit, la matière, par elle-même pédante, vous donne un air de professeur annotant des compositions. On irrite des amours-propres sans remédier aux fautes, et le lecteur n'aime guère à ce qu'on dérange ses habitudes et qu'on trouble sa conscience. Il a donné deux pièces d'or pour tel ouvrage que vous blâmez et qu'il a lu dévotement, et vous prétendez qu'il n'y a que les illustrations de valables. Alors il présentera ses autorités et ceci par exemple: « Eugène Müntz avait tout des grands érudits de la Renaissance, leur souci de la vie idéale, leurs goûts raffinés, leurs aspirations platoniciennes, leur curiosité jamais assouvie. » Les aspirations platoniciennes de M. Müntz me font espérer qu'un jour, on écrira une monographie intitulée : « Marsile Ficin et son continuateur », ce qui équivaudrait à « Napoléon et M. Thiers ». Et encore !

Signaler un abus ou un péril ne sert point, si on ne donne le moyen de le conjurer. Pour lutter contre les représentants français de la critique allemande, le moyen simple et sûr est d'exiger qu'ils formulent leur critère. Ils le doivent comme le commissaire est obligé à sortir son écharpe. Quiconque juge applique une loi antérieurement connue, et c'est la seule façon de mettre le lecteur en garde contre l'excès de la personnalité. Si je traite d'un paysagiste, que ce soit Poussin ou Dupré, il faut qu'on sache ce que je pense du paysage comme genre ; et si j'avertis que je le tiens en lui-même pour une expression de décadence, tout ce que j'ajouterai d'excessif sera dès lors éclairé. De même, si je range au second plan Velasquez, Rubens, Dürer, faut-il encore qu'on connaisse en vertu de quelle doctrine !

L'esthétique a plus d'une définition : philosophie du sentiment, dira Baumgarten ; splendeur du vrai avait dit Platon. Il resterait à définir le sentiment et la vérité ? On oscillera donc, des spéculations de Kant aux strophes de Schiller, de l'aperçu de Jean-Paul à la leçon de Hegel, de Lessing à Pictet, de Schelling à Topffer, d'Hogarth à Vinckelmann, de Reynolds à Burke, sans faire aucune lumière. En art, il faut penser avec des formes et non avec des mots et choisir des œuvres types. L'esthète de goût italien et qui fait du style la condition *sine qua non*, considérera les fresques de la bibliothèque des députés comme le chef-d'œuvre de l'art français au XIXe siècle, mais son jugement sur Manet et nos impressionnistes ne sera plus qu'une exécration : et voilà pourquoi les critiques refusent obstinément d'adopter un critère. M. Zola a pu appeler le procédé de Manet une nouvelle manière de peindre et un autre comparer l'artiste du « Bon bock » au Messie : ce sont là propos d'entre-soucoupes. Le plus étourdi sait qu'un critère, pour être avouable, doit s'appliquer au passé comme au présent et qu'on ne peut mépriser le Bassan ou Paul Potter et admirer Troyon ou Rosa Bonheur ; ni louer Courbet sans faire amende honorable à l'école bolonaise : l'*Homme à la ceinture de cuir*, comme le *Portrait à la pipe*, sont peints à la manière du Guerchin.

En considérant l'art comme une imitation, on envisage chaque objet isolément ; et l'antique, ou le kakémono, la fresque ou la pochade reçoivent successivement des phrases convenantes et qui témoignent d'une compréhension sans limite. Ajoutez à la théorie de l'art imitatif celle des milieux ; et le geste de la Mouquette entre dans l'héroïsme comme le mot de Cambronne dans l'histoire : Thomas Vireloque remplace Diogène ; la lorette, l'hétaire ; le professeur Tulp, Asclépios ; et vous comprenez alors le rapport des Beaux-Arts de M. Couyba. D'après ce document, M. Eugène Guillaume ayant remis le dessin dans la voie qui lui appartient, serait l'inspirateur du modern-style ; l'auteur du *Mariage romain* aurait déchaîné cette démence ! Il

est vrai que ce sculpteur a écrit et
sur le dessin. Il le voit sous quatre
aspects : le dessin géométrique, le
dessin d'art, le dessin de mémoire et
le dessin lui-même ! L'homme aux
quatre dessins dirige l'École de Rome
après avoir présidé celle des Beaux-
Arts. Quant à M. Couyba, deux de
ses opinions suffisent à lui rendre
justice ; il veut envoyer les architectes étudier aux États-Unis où il
n'y a pas un seul monument, et les
peintres à Londres. Pour les mar-
bres du Parthénon ? Non pas ! Pour
le modelé de Reynolds ! Comme
M. Couyba n'a certainement pas
voulu se moquer du monde et que
les quatre dessins ne sauraient être
envisagés comme une charge d'atelier, on a envie de connaître l'opinion de M. Roujon, directeur des
Beaux-Arts. Il gémit certainement
de l'incohérence de ses collaborateurs
et de leur incompétence ; il gémit
surtout de ce que M. Albert Besnard
a dit à M. Bracquemond : « A l'école
des Beaux-Arts, il n'y a plus d'élèves,
parce qu'il n'y a plus de maîtres. »
Ce désarroi incombe à la critique
d'influence allemande, critique sans
critère, qui aligne des documents et

n'énonce jamais les règles, qui exploite la matière esthétique, sans l'aimer.

Quand on parle de Michel-Ange, la première parole à prononcer, pour mettre l'artiste et l'esthète en garde contre l'emprise de ce génie, est telle : « Buonarotti a conçu en peintre et exprimé en sculpteur. » Ces simples mots rappellent la Norme qui attribue à la peinture toute passionnalité et à la statuaire la sérénité et l'apothéose. Taine et l'école dont M. Müntz est le coryphée, ont arraché l'art français à sa tradition de bienséances et de style : ils nièrent les vieilles théories, vraiment expérimentales puisqu'elles résultent de l'histoire même de l'art, et, en quarante années, on oublia qu'il n'y a qu'un commandement essentiel : faire beau, et que la condition du beau est le style, enfin que le style se définit : *l'expression typique par les formes les plus nobles*. Le moment ne s'accommode pas d'un éclectisme fantaisiste : il faut procéder par affirmations et je n'en veux pour juges que les plus intéressés, les jeunes hommes qui travaillent et peinent sans guide, à la recherche de la bonne voie.

L'esthétique vraie est celle qu'enseignent les chefs-d'œuvre : l'effort des écrivains devrait être de dégager cette esthétique, de la codifier, de la rendre assimilable. Aucun de ceux qui prétendent à la compétence en ces matières a-t-il jamais mis ses recherches au service des étudiants ? Ils préfèrent pontifier dans les recueils spéciaux et raconter les ambassades de Rubens et de Titien ! L'esthétique a deux fins : enseigner le jeune artiste et former le goût public, apprendre aux uns à créer, aux autres à admirer. Ce sont de très nobles œuvres que celles-là : et l'impuissance seule les dédaigne, l'impuissance allemande qui s'effare devant la lumière d'une définition, comme une orfraie. Étranges prêtres d'Apollon que ces hommes du Nord qui détestent le soleil et ne plaisent que dans l'indistinct, l'informe, l'anarchique dilettantisme et veulent s'imposer à l'Occident comme recteurs. Aucun détriment esthétique ne nous viendra de l'Angleterre : en art, elle est individualiste au lieu que le Germain, le Fafner d'université ou de caserne, rêve l'accaparement universel et envahit le domaine des idées comme celui des intérêts, avec une application et une force de travail contre laquelle notre génie créateur mais intermittent ne peut pas lutter. Il faut donc repousser la méthode allemande comme une contradiction de nos facultés. Dans la musique, expression de l'indéfini, nous resterons inférieurs ; mais la beauté des formes qui résulte d'une sensibilité exquise et du style, nous appartient depuis la fin du xviie siècle, puisque l'Italie a cessé son rayonnement. L'art français, malgré ses erreurs, domine encore l'Occident : ses professeurs et ses critiques, ses critiques surtout, sont grandement responsables de la décadence ! On ne leur reproche pas ici d'avoir telle doctrine au lieu de telle autre. M. Guillaume peut mal définir le dessin, mais il doit le définir. La faute des grandes Revues ne paraît pas dans leurs préférences, mais dans leur indifférence théorique. L'éclectisme égare à la fois l'étude qui a besoin de règles, le goût qui ne se passe pas de redressements. La critique sans doctrine vient d'Allemagne ; qu'elle y retourne ! Cela dépend du lettré ; s'il exige que l'écrivain d'art, devant tout jugement, formule son critère, cela suffira à rendre l'esthétique aux Latins, certainement les plus dignes des hommes, depuis les Grecs.

L'ESTHÉTIQUE ET L'ENSEIGNEMENT

L'enseignement supérieur est exclusivement littéraire ; il n'y a pas de doctorat ès arts. Jamais, depuis qu'existent l'Université et le Musée du Louvre, celle-ci n'a fait visite à celui-là : jamais, celui qui explique Sophocle et Pindare n'eut l'idée d'illustrer son cours par la vue des antiques ; non plus que le professeur d'histoire celle de conduire sa classe à Notre-Dame pour lui faire sentir le moyen âge.

Choses de métier ou d'agrément, les arts ne tiennent aucune place dans le programme officiel : on obtient les mandarinats, sans connaître le nom de Giotto ou de Robert de Luzarches.

Ruskin sera immortel pour avoir osé dire que le Beau appartient au domaine sensible. L'esthète anglais formula une vérité riche de conséquences, devant un public sérieux, sinon docile; il parla d'une religion de la Beauté, conviait le peuple à des joies nouvelles, à des consolations inconnues encore ; au moment même où le clergé catholique laissait la foule sortir de son giron: et les dimanches matin, l'étranger trouve trois cents ouvriers devant *la Joconde* que leur commente quelqu'un, qui n'est pas le directeur des musées nationaux.

Ainsi, la culture esthétique, totalement inutile aux emplois de l'instruction publique et aux diverses carrières, n'existe que par l'effet d'un goût individuel.

Le Conseil municipal entretient quatre écoles d'art industriel où l'on n'enseigne que l'industrie; il en sort naturellement des artisans et non des artistes. Deux appellations, rendront évidente l'erreur contemporaine : « Ecole des Arts et Métiers » et « Monuments historiques ». On forme plus communément un prêtre qu'un artiste. En tout cas, celui qui se destine à la réalisation de la beauté diffère singulièrement de l'autre qui ne se propose qu'un gagne-pain. Jusqu'ici, les officiels n'ont pas invoqué la raison esthétique pour sauver un monument. Est-ce faute de la sentir ou défiance de l'opinion, fermée à ce concept? Historiquement, le vieux pignon, la curieuse fontaine, le pan de mur romain ne signifient vraiment rien : ils ne valent que par leur beauté. Le jour où il existerait, en France, une rubrique des *monuments esthétiques*, la civilisation aurait fait un pas immense. L'idée d'histoire évoque des études longues et difficiles, impossibles à la masse ; or, l'œuvre d'art a été faite pour les ignares, les illettrés, les simples et les pauvres, pour ceux qui n'ont pas le livre.

Il faut bien le dire, au risque de décourager des êtres sympathiques: la lecture désordonnée de Michelet ou Nietzche ne produira pas le sens historique ou philosophique ; et sans loisir personne ne parvient à la haute culture. Il en est autrement pour l'esthétique : là, se dévoile la supériorité populaire; là l'ingénuité plus voisine du génie que le pédantisme, à ses Parsifals qui comprennent par compassion, selon l'étymologie du mot : ils vibrent devant le chef-d'œuvre.

Cette vibration est toute l'esthétique.

On entend bien que je n'évoque pas ici le *Radeau de la Méduse*, ni même le *Saint Jérôme* de Sigalon et que, sans blâmer le pathétique, je le subordonne à la beauté abstraite de la *Sainte Anne* ou de la *Madone de la Victoire* où il n'y a point d'autre sujet que la musique des âmes contre-pointée plastiquement. Ni le *Laocoon*, ni le *Taureau Farnèse*, trop dramatiques, ne vaudraient, comme critères de vibration. L'ouvrier se trouve dans une condition précieuse pour la sensation d'art, il ne sait rien, ni de l'artiste, ni du modèle, ni de l'époque ; ou du moins ses notions vagues permettent à l'œuvre d'agir comme une apparition et de lui mettre sur le cœur son poids de mystère ! Les prêtres, qui n'entendent plus l'âme populaire, se figurent que l'*Antiope* du Corrège agit comme nudité et la maîtresse du Titien, sexuellement ! Erreur, les tableaux de la Renaissance, le *Parnasse* de Mantégna ou la *Vierge de François I*[er], produisent uniformément un effet religieux. Le simple n'est pas un polisson et la *Kermesse* de Rubens l'assomme.

On se trouve forcé de choisir ses exemples dans la peinture, seul art un peu connu ; mais un enseignement esthétique devrait porter sur l'architecture qui fournit, pour chaque race, la synthèse des aspirations et des faits. Avec une douzaine de planches intelligemment commentées, on projetterait, sur un auditoire, la vision nette des grandes périodes. L'Égypte, à Karnac, n'est-elle pas mieux exprimée que dans le poème de Pentaour ou le *Livre des Morts* ? La statue de Goudéa et le taureau ailé à face humaine ne sont-ils pas plus explicites que les briques aux formules de sorcellerie ? Le temple indien, fils de la Zigurrat ou tour à étages, sculpté par des hallucinés trop voyants pour réaliser la beauté réelle; et la pagode chinoise, absurde et raffinée, image d'une décadence immobile (si ces mots se peuvent suivre), ne traduisent-ils pas, ici la métaphysique aboutissant au cauchemar ; et là, un positivisme superstitieux.

La Grèce, si longtemps confondue avec Rome, par les écrivains, ne doit son autonomie, devant l'admiration humaine, qu'à ses arts. Pour un abbé

Barthélemy, Parthénon, Panthéon forment des pendants et il n'y a pas beaucoup d'années que les photographes mettent au bas des statues « œuvre grecque » au lieu de la rubrique *antique* qui englobait les *Parques* et le buste de Lucius Verus !

Bas-empire est l'épithète dernière du mépris, en matière d'histoire : une vue intérieure de Sainte-Sophie modifie singulièrement les textes ; la coupole de Justinien élève à soixante-cinq mètres sa splendeur incomparable et les mosaïques de Ravenne (puisque celles de Sainte-Sophie attendent sous un voile de chaux que les chrétiens retrouvent les sentiments de la Croisade) manifestent une civilisation vraiment féerique.

La nuit du moyen âge s'éclaire singulièrement par l'œuvre monumentale : le fameux an mil se recommande par l'abondance des fondations et le zèle de continuations architecturales. Le *trivium* de cette période se compose de la Bible, du *Miroir universel*, par Jean de Beauvais et de la *Légende Dorée*. Qui se plaira aujourd'hui à l'encyclopédie du xiiie siècle et aux récits ingénus du bienheureux Jacopo, tandis que le bas-relief et le vitrail les reproduisent, transfigurant la mesquine zoologie en bestiaire et le conte pieux en tableau pathétique! Sans discuter le « Ceci tuera Cela » de Victor Hugo, il est évident que ceci, l'Art, a été, jusqu'à la Renaissance, l'expression majeure de l'humanité. Les trois derniers siècles seulement s'offrent à l'étude, sous la forme livresque. Cette proposition incontestable s'étend même jusqu'au Romantisme. Au risque de mécontenter les spécialistes, Philippe de Champaigne exprime le jansénisme d'une façon très profonde ; les *Batailles d'Alexandre* résistent à d'écrasants voisinages ; et le portrait de Bossuet par Rigaud ferait une belle préface aux *Oraisons funèbres*. Qui ne préfère les petits peintres des fêtes galantes aux petits vers de Voltaire, de Parny et, à ne citer qu'un artiste du xixe, Delacroix n'est-il pas l'égal de Victor Hugo ? Tandis que le second Empire s'honorait de Mérimée, Carpeaux retrouvait le génie florentin, dépassant de beaucoup de coudées la littérature d'alors.

Ce coup d'œil, que chacun complétera selon son érudition, démontre qu'aucune époque, pas même la nôtre, ne tient dans une bibliothèque et que le savant du livre, l'homme des textes, ignore les trois quarts des chefs-d'œuvre et la plupart des manifestations de l'esprit humain.

Constatation déplorable : la méthode actuelle puérilement analytique rend une culture supplémentaire écrasante, sinon impossible. On ne peut pas être pédant en vingt matières ; pour exercer la science en magister, il faut se spécialiser, s'emparer d'un burg dont on a numéroté les pierres et défier le passant.

L'immense domaine des arts du dessin ne comprend pas encore tout l'empire esthétique: l'homme a des oreilles. La volonté du Créateur propose au libre arbitre la spiritualisation des sens, comme ascèse normale; il y a une beauté du son, il y a un art de l'ouïe. Dans la cathédrale, comme dans tous les temples, la prière fut un chant. L'hymne commence la poésie du *Veda* comme de l'*Avesta*, et les odes de Pindare qui sont, en somme, des hymnes malgré leur sujet apparent, obéissaient à un rythme musical. Pythagore comme Fo-Hi assimilèrent la théologie à la musique, au moins pour les premiers degrés de leur enseignement. Ils voyaient dans les lois de l'harmonie un écho de la Norme cosmique. Nos églises entendirent la prose liturgique s'élever jusqu'à Palestrina, sommet incomparable de l'art vocal, réalisation du *vox populi*, merveille tellement fabuleuse, que l'exécution, même avec les ressources actuelles, s'obtient malaisément. Le chœur antique sublimé par la *messe du Pape Marcel* s'incarna dans un instrument vraiment magique, l'orgue, dont l'orchestre actuel n'est, à tout prendre que l'individualisation selon les timbres. Mais le dernier venu parmi les arts produisit, sauf pour le chant, ses merveilles dans un pays secondaire sous les autres rapports : l'Allemagne enfanta la trinité musicale : Bach, Beethoven et Wagner.

En définissant l'esthétique une vibration supérieure, je ne songeais pas à la musique qui est, par son mode d'action, le plus matériel des arts, attaquant la sensibilité des animaux eux-mêmes et les frappant de phénomènes magnétiques. Les femmes, confondant le cœur et les sens, s'extasient sur l'immatérialité de ce qui les subjugue; et le caractère indéfini, qu'on traduit étourdiment par celui d'infini, explique comment tant de personnes du sexe, aveugles au dessin, vibrent aux caresses de l'onde sonore. Un homme prodigieux a conçu et réalisé la simultanéité de Shakespeare et de Beethoven, moins la grâce de l'un et la pureté de l'autre; il a mêlé le drame et la symphonie avec une égale puissance de poète et de compositeur; son double et surhumain génie a fait du théâtre le chef-d'œuvre absolu du xixe siècle, qu'il nommera certainement dans les manuels futurs.

L'Université de France soupçonne-t-elle que la musique fait partie intégrale de l'éducation? Elle a des classes de solfège et de piano, mais le bachelier, et même le docteur ès lettres, interrogé sur ce qui eut lieu en l'an 1565, répondrait que Marie Stuart épousa Darnley et non que la *messe du Pape Marcel* fut exécutée.

Apprendre à saboter un air en famille et à barbouiller des chrysanthèmes sur bristol constitue la culture artistique, dans nos mœurs actuelles. La jeune fille contemporaine blasphème l'harmonie et la couleur pour sa vanité et celle des siens. Malgré l'acoustique du Trocadéro, on devrait donner aux écoliers des auditions qui leur révélassent ce monde enchanté de l'évocation musicale, par les œuvres sévères, *Cantates* et *Passion* de Bach, *Symphonies* de Beethoven. Que signifie, dans une époque démocratique, cette salle du Conservatoire où on ne pénètre qu'à la mort d'un abonné ! Deux grands concerts existent, mais qui n'ont point un caractère pédagogique, puisqu'ils donnent place aux contemporains et à la virtuosité. Ne pourrait-on opérer, pour la musique, une tentative semblable à celle de M. Bernheim ? Aux Gobelins, ou dans tout autre théâtre de quartier, la tragédie trouve un public avide et enthousiaste. Pourquoi M. Pugno ne viendrait-il pas jouer au peuple des sonates de Beethoven ? Pourquoi l'enseignement, sans toucher aux arts d'agrément (!), ne dévoilerait-il pas aux étudiants la beauté musicale ? Il suffit d'un pianiste pour qu'un lycéen apprenne que le fredon du frère aîné, et le tapotage de la sœur sont des grimaces et qu'il existe un art pour les oreilles.

Si le lecteur, rassemblant ses souvenirs, voulait bien chercher la justification de ces dires, il la trouverait en lui-même et ne prendrait plus l'esthétique pour une annexe des classes de philosophie, ou une idée propre à l'Académicien. La Beauté, sœur abstraite de la vérité et de la justice, comporte mille commentaires et suffit à baser un système complet de théodicée et de morale. Dieu le Beau, ou Dieu le Bien, ou Dieu le vrai, se conçoit à l'égal des autres aspects séphirotiques. Mais l'individualisme seul se plaira à ces spéculations ; et l'esthétique, susceptible d'amplifications transcendantales, comme la religion, est une chose pratique, réelle, et j'ajouterai, usuelle.

Que la Sainte-Chapelle ait été conçue par Pierre de Montereau sous Saint Louis, ou non, son effet de bijou architectonique dépend-il de sa date ? Qui est *l'homme au gant*? Si on ignorait le nom du peintre, l'œuvre serait-elle moins admirable ? Comprendre, prétention toute moderne et absurde. L'esthétique *sent*. Oh! je me figure l'ennui des privilégiés, des docteurs, à cet élargissement de la symbolique salle du Conservatoire. La Beauté échappant aux professeurs, et nue de commentaires, se donnant, en une promiscuité sublime, à qui la désire, comme la Divinité ! Voilà cependant le cours de l'évolution : et les gens de bonne volonté y aideront tous, pour le perfectionnement humain. Le Moyen Age appelait les sculptures de ses porches, et les peintures de ses vitraux, la Bible du peuple ! Mon Dieu ! qu'on reprendrait, sans le respect humain, le mot de Lahruyère et qu'entre le prône du curé et la statuette médiévale, on dirait aussi : « je suis peuple ». A un office de la chapelle Sixtine, ce n'est pas le Sacré Collège qui soutient le prestige séculaire, c'est Michel-Ange et Mustapha le dernier maître du chant que l'abbé Perosi a renvoyé, pour les aises de ses théâtrales compositions.

Sans érudition, sans instruction même, on peut sentir la beauté. Les formes et les sons composent la langue universelle, que tout homme entend, par le seul fait qu'il est homme.

Cependant, il faut une éducation pour voir et pour entendre. Personne ne se plaira, sans effort, au *Clavecin bien tempéré* et à *l'École d'Athènes*, et surtout de prime abord. On apprend à sentir et l'esthétique véritable n'a point d'autre but. La méthode se résume en un point : commencer par les chefs-d'œuvre consacrés. La *Symphonie fantastique* de Berlioz, les *Caprichos* de Goya, ne sont pas des œuvres d'initiation, mais la *Cantate* pour tous les temps, et la *Madone de S. Sixte* conviennent à la formation du goût.

Le goût lui-même n'est qu'une habitude de sensibilité qui se réjouit devant la sublimité et souffre, s'effare et fuit en présence de la laideur. De nos jours l'éclectisme règne, c'est-à-dire que l'on se force à admettre les choses les plus disparates, pour prouver l'étendue de sa compréhension. Oui, l'amateur, tel qu'on le conçoit, promène son enthousiasme d'un dessin de Léonard à une araignée japonaise, et des métopes aux kakémonos ; il adore Mozart et apprécie Mascagni ; c'est l'homme au courant et dans le train artistique, Philinte du goût qui rit au Palais-Royal, rêve aux danses javanaises, et ne refuse pas aux nègres son attention, offerte même aux grimaces du singe.

Celui qui porte, sur sa feuille militaire, la mention *ne sait ni lire, ni écrire,* peut devenir un esthète : car les tours de Notre-Dame, les chœurs de la Neuvième et les nymphes de Goujon n'ont rien à faire avec l'imprimerie : mais l'autre, l'é-. clectique, véritable barbare, malgré qu'il incarne la fin des civilisations, obéit à une curiosité de sauvage et non à la sainte recherche, à cette queste où tous peuvent être chevaliers : la dévotion à la Beauté. Le sentiment esthétique implique, en même temps qu'une attraction vers les splendeurs, une répulsion en face du monstrueux, du difforme ou même du médiocre; et rien n'empêchera cette attraction d'être égale à cette répulsion. On aime un objet dans la proportion ou on déteste son contraire : il faut haïr la laideur pour sentir la beauté.

Vainement celui qui supporte le café-concert et le vaudeville ira vers Bach et Sophocle. La vertu de l'esthète ressemble à celle de la femme: il faut choisir entre l'honnêteté ou la galanterie ; il faut aller à droite, avec les élus ou à gauche parmi les réprouvés.

La plupart ne savent pas, en esthétique, distinguer leur droite de leur gauche, et sont au parcours d'un salon annuel, ou à l'audition d'un concert du dimanche, comme des gars du Finistère à leur arrivée au corps. Le devoir des enseignants consiste donc à montrer les modèles, que le suffrage des siècles rend incontestables, et met à l'abri des fluctuations du goût. Il ne s'agit pas de cours supplémentaire, ni de fonder des chaires nouvelles : le professeur de philosophie doit étudier l'architecture, et découvrir comment tel dogme nécessite tel temple. Car celui qui croirait qu'un monument sort comme un tableau de l'individualisme, serait ignare. Ictinos, ainsi que Bramante, réalise l'âme de son temps : et pour exemple bref et banal, la prédominance de l'horizontale dans le temple grec, et de la verticale dans la cathédrale *gothique* manifestent, aussi clairement que des mots, l'orientation anthropomorphique des Hellènes, et la projection de l'âme chrétienne vers le ciel. Les basiliques sont des anciens testaments, comme les mosquées sont des korans et les églises, des évangiles. La recherche des relations entre les formes et les idées m'a permis de retrouver le véritable Saint Sépulcre. Malgré les modifications musulmanes, la prétendue mosquée d'Omar est l'*Anastasis* de Constantin.

Ce simple fait que le temple de Salomon fut une œuvre phénicienne, ne contient-il pas un avertissement impérieux, que la race assimilatrice par excellence a dû emprunter ses idées comme ses formes et que le commencement de la Genèse et la Kabbale sont d'habiles pastiches et non des productions hébraïques ?

Le professeur d'histoire, au lieu de peser des témoignages toujours passionnés, pour juger les grands personnages, regardera et montrera à ses élèves, des portraits. Est-ce que chaque auteur classique ne devrait pas figurer lui-même en tête des textes ? Quel avant-propos d'Œdipe, sinon la statue de Sophocle, et pour les *Memorabilia* quelle phrase vaudra le buste de Socrate ? Raphaël a donné la meilleure psychologie de Léon X et de Jules II ! Juxtaposer les têtes de François Ier et de Charles-Quint, comme celles de César et de Pompée, n'est-ce pas rendre sensible le conflit de ces individualités ?

On multiplierait les exemples, indéfiniment. Il résulte de cet aperçu que l'esthétique représente la moitié au moins du génie de l'espèce; qu'on aborde son domaine sans étude préalable et qu'elle complète, éclaircit et vivifie les belles lettres, depuis la théologie et l'histoire, jusqu'au poème et au roman.

Dégagée de l'appareil pédantesque, elle met l'homme ingénu en contact avec les plus radieuses créations et rétablit l'avantage en faveur de l'inspiration, sacrifiée jusqu'ici à l'exercice de la mémoire.

La langue des formes constitue la communion des âmes: c'est vraiment d'elle que parle la Genèse en disant: « Toute la terre avait une seule langue et les mêmes mots. » L'enseignement supérieur cherche en vain à se passer d'esthétique. Quant à la multitude des travailleurs manuels qui mourra fatalement sans avoir lu Hésiode et Pindare, ni compris Dante ou Gœthe, elle peut du moins sentir Phidias et Praxitèle et regarder l'enfer et le paradis du parvis et de la fresque. La vérité sert d'enseigne aux marchands d'orviétan, la justice n vaut souvent qu'en manière de convention nécessaire ; seule, la beauté ne trompe pas ; elle a le soleil pour sublime témoin.

Voilà pourquoi l'esthétique fera, un jour, partie intégrante de l'enseignement à tous les degrés, et même tiendra lieu de tout enseignement, comme on l'a vu dans l'antiquité et au moyen âge. Puissent les détenteurs de l'instruction littéraire reconnaître que les arts ont une mission vraiment démocratique ! Le pédagogue du XXI° siècle dira, à l'imitation du Divin Maître *« Venez, voyez, et entendez ! »*

LE LOUVRE ET LE PEUPLE

Un grand conflit s'est élevé entre l'administration des musées nationaux et le parti socialiste. M. Kaempfen a parlé nettement de rendre le Louvre payant; les universités populaires ont protesté. Pour une fois, la politique a tranché le débat au profit de la justice. La Chambre n'autoriserait pas l'installation d'un tourniquet au Louvre et aucun rapporteur n'oserait le demander. La question de fait étant tranchée, on peut aborder l'étude instructive des deux mentalités qui ont combattu afin de les expliquer l'une et l'autre. Il reste de cette lutte un double et vif étonnement : les conservateurs n'auraient jamais cru soulever tant de protestations et les démocrates instruits se demandent s'ils n'ont pas rêvé tellement l'idée de M. Kaempfen leur semble fantastique.

L'Art en France, et probablement partout, est régi par des administrateurs, enseigné par des professeurs de lettres et jugé par des journalistes. Le terrain esthétique sert de déversoir au trop plein des autres zones. On émarge à la Direction des Beaux-Arts parce que la place manque à la Marine ; on explique Michel-Ange parce qu'il y a pléthore de commentateurs hellénisants; on fait les salons parce que les théâtres sont pris. De ces trois ordres de faits, résulte une opinion très répandue qui considère l'esthétique comme un supplément de la culture, un appendice de l'instruction libérale, qui vient tenir dans le cerveau la place des acrotères sur un temple antique. Ce sont des agrégés, des paléographes, des gens de bibliothèque qui, depuis un certain temps, se destinent à l'enseignement des Beaux-Arts, et avec la méthode historico-littéraire qui servit à conquérir leurs diplômes. Cette application, si louable soit-elle, n'aboutit qu'à un froid criticisme. Une œuvre, au lieu d'émouvoir leur sensibilité, évoque un lieu, une date, une race ; les réminiscences d'histoire et les souvenirs d'analogie littéraire obscurcissent tellement leur impression qu'elle cesse : et le problème sentimental devient une question d'érudit. Si devant l'*École d'Athènes*, on se demande, d'après le geste de chacun des cinquante-deux personnages, quelle place il occupait dans l'humanisme d'alors ; ou seulement ce que Bibiena pensait, au juste, de Zoroastre, il faudra bien des méditations. Au contraire si on s'abandonne à l'impression la plus simple, on admirera la calme dignité de cette assemblée qui ne s'occupe point d'affaires locales ni nationales: on sentira la Vérité planer au-dessus de ses insignes amants. Les figures vraiment suprêmes de Platon et d'Aristote seraient telles, même innomées. Pendant un demi-siècle, ne les a-t-on pas prises pour les apôtres Pierre et Paul prêchant le christianisme? Cette méprise nous fait sourire, mais elle ne violait pas le sens de la fresque, qui représente surtout la recherche désintéressée de la Vérité. Un hindou comme un chinois reconnaîtra dans la composition de Raphaël le caractère de la plus haute conscience dont l'humanité soit capable. Considérée dans son idéalité, *l'École d'Athènes* sera conceptible pour un enfant de dix ans. Quant à jouir pleinement de la beauté réalisée sur ce mur, il faudrait un véritable génie : il faudrait un autre Raphaël ! On donne des images à l'enfant qui ne sait pas lire, on les lui donne puériles, niaises. Mais ils sont nombreux ceux qui, à trois ans, regardent les figures d'une bible d'après Van Orley ou Schnorr ou qui distinguent parmi les portraits d'ancêtres la mine rébarbative des connétables et le sourire des dames d'honneur.

L'enfant commence à penser par les formes ; et le peuple, pris dans le sens typique du mot, ressemble à l'enfant; il voit sa pensée, ou il l'entend. Son cerveau procède par tableaux et non par formules. Les expressions qu'il fabrique et qui forment l'argot des métiers sont à la fois picturales et onomatopiques. L'animal domestique entend si exactement l'intonation qu'il paraît comprendre les mots. Avant de savoir ce que sont l'obéissance ou devoir, l'autorité ou puissance paternelle, et le bien et le mal, la récompense et le châtiment, l'être humain a déjà vu tout cela dans les yeux de ses parents impérieux ou tendres. L'instinct si énigmatique de l'animal, qui a fait hésiter parfois de très hauts penseurs sur la hiérarchie des êtres vivants, l'instinct n'est plus cultivé chez l'homme, dès qu'il sait lire. Depuis la Renaissance, le livre opprime nos facultés d'espèce ; l'examen et le concours achèvent de ruiner en nous ces incomparables propriétés innées que nous admirons chez l'homme assez bien doué pour redevenir instinctif malgré l'éducation. Le poète est un coryphée des voix de l'espèce disciplinées mais expressives des rapports de sentiment, les seuls qui relient tous les hommes. Au moyen âge, le peuple n'apprenait pas le catéchisme par cœur, comme aujourd'hui. Un empereur surmonté d'une colombe étendait ses bras autour du crucifix : et cela exprimait les hypostases. Lorsque les ordres mendiants se répandirent dans la chrétienté, ils s'armèrent, au XII° siècle, de la *Bible des pauvres*, au XIII° siècle du *Miroir des âmes*. Ce qui, actuellement, achève de ruiner toute notion de respect hiérarchique, ce n'est ni la diatribe ni la blague, mais la caricature ou la charge. La poire de Philippon a valu un coup de canon pour renverser Louis-Philippe.

Ces points de vue tendent à une conclusion importante : il faut développer les facultés instinctives chaque fois qu'on ne peut donner une culture approfondie. Quiconque doit gagner sa vie, à moins d'une volonté prodigieuse, ne se proposera pas l'instruction intégrale.

Certes, il est intéressant de démêler la confusion des Soumirs et des Accads et les relations entre la civilisation des deux deltas, du Nil et de l'Euphrate.

A défaut de cette recherche, on peut ressentir l'extraordinaire allégorie du taureau ailé à face humaine et la belle âme de Goudéa le roi constructeur qui porte sur ses genoux un plan d'édifice, un stylet d'architecte et un centimètre ou étalon des mesures, au lieu d'insignes royaux ou guerriers.

Le sens moral de l'art n'exige aucune étude pour être perçu ! Combien de doctes personnages, diplômés et patentés, ne perçoivent rien et regardent sans voir !

L'émotivité ne s'enseigne ni ne s'acquiert : on la trouve souvent chez l'ouvrier parisien. Sans doute, il se laissera prendre par le romanesque du sujet ; mais à la moindre indication intelligemment donnée, il passera de *la Mort d'Elisabeth* à *la Source* et il s'y plaira.

Il ne faut pas grande préparation pour jouir d'un beau corps au mouvement harmonieux, à la coloration suave; ni pour s'intéresser à la scène homérique d'un sarcophage. En outre, l'ouvrier manuel, quel qu'il soit, manieur de bois ou de fer, par le fait qu'il œuvre de ses doigts, se trouve plus apte que l'homme du monde à sentir le côté *artifex* des arts mineurs.

J'ai vu devant un meuble des gestes admiratifs qui imitaient le mouvement d'un outil, et témoignaient d'une rare compréhension technique.

Un autre ordre d'idée mérite d'être rappelé. Quelle fut la destination primitive de l'œuvre d'art, statue grecque ou tableau de la Renaissance, reliquaire ou terre émaillée de Della Robbia ? Du Zeus de Phidias, à la Pieta de Michel-Ange, du Giotto à Ingres, le tableau et l'objet religieux, tout a été fait pour le peuple ! Mais, dira-t-on, le peuple, qui ne croit plus, n'a que faire de contempler les Stigmates de Saint François ni le miracle de la Sainte Epine ! Que la foi soit molle ou même morte, la beauté de ces œuvres agit spirituellement, à défaut de leur sainteté. Après avoir opéré comme représentation sacrée, l'art rayonne encore d'un immortel éclat.

Personne ne croit à la Divinité de Mars ou de Vénus et cependant avec quelle piété on contemple l'Arès Farnèse ou la Milo ! Le chef-d'œuvre a deux sens, l'un local et qui s'éteint avec la race qui l'enfanta ; l'autre universel et qui garde éternellement sa puissance. Un sphinx nous suggère une idée de mystère, comme il la suggérait à l'Egyptien ; et une madone évoquera toujours un idéal radieux où l'innocence et la maternité fondent leur grâce. La mort de Socrate nous émeut et la Sainte-Cène nous laisserait indifférents ? Intéressés par Esther ou Deborah ou Judith, nous ne le serions pas devant Jeanne d'Arc ? Retenons cette vérité comme une synthèse propre à baser nos jugements : l'œuvre d'art est celle qui, après avoir perdu, par le temps écoulé, sa destination immédiate, reste significative par sa seule beauté et ne témoignant plus d'une divinité, témoignera, sans cesse, de la grandeur de l'homme.

Il y a encore une raison pour que le peuple vienne aux musées : l'atmosphère de luxe qui résulte des hauts plafonds ornementés et des parquets luisants.

Rien d'aussi sain pour les gueux que cette ambiance. Si la dure existence leur permet de s'interroger, ils doivent se souvenir que leur misérable ancestralité a eu les yeux rafraîchis par les verrières, les oreilles caressées par l'orgue et les chants, les membres reposés par des boiseries merveilleusement sculptées. Le pauvre a traîné sa savate dans ce palais incomparable : la cathédrale. Dans le musée devenu un temple, il se réfugie, selon son droit séculaire. Puisqu'on sonne à la volée cette cloche infernale de l'égalité, il est apaisant pour le misérable de se dire qu'aucun riche, dans l'univers, ne possède l'équivalent de ce qu'il voit, et que le pape seul a parfois sur sa tête un plafond plus divin que le triomphe d'Apollon. La pire infortune pour un artiste n'est-ce pas celle de Delacroix dont le chef-d'œuvre ne devient visible que sur la permission d'un député ? Ainsi le plus grand effort de la peinture française reste inconnu et se lézarde dans l'oubli.

Une erreur complique et empoisonne parfois l'existence, celle qui confond la possession d'un objet avec la jouissance qu'il procure. Posséder cet instinct, si vif chez les rustiques, devrait se perdre dans les milieux très civilisés. Les belles et grandes choses ne sont point d'usage, mais seulement de contemplation : le possesseur d'une salière de Cellini devrait la nettoyer lui-même ; et celui qui habiterait Chambord ou Blois ou Chenonceaux arriverait vite par l'effet de l'habitude, à une moindre sensation que le visiteur qui vient de loin et applique toute sa spiritualité, pour emporter un souvenir.

Dans le projet de M. Kaempfen, on attribuait des cartes aux élèves d'art décoratif et industriel : et ce détail, plus extraordinaire encore que le projet, dévoile la très étrange inconscience. L'art ne serait donc qu'un ensemble de modèles pour ceux qui le pratiquent ; et chacun de ses genres s'adresserait à une corporation, de même que le Musée Dupuytren n'est d'un libre accès que pour les futurs médecins, et celui des mines que pour d'autres élèves spéciaux.

Sans parler des liseurs divers, qui trouvent au musée le complément des théogonies, des histoires et des poèmes, et qu'on peut qualifier de lettrés, puisqu'ils se sont cultivés par le livre, la catégorie qu'il convient d'amener au Louvre est celle des illettrés. C'est pour eux qu'Isdubar étouffe un lionceau à la salle assyrienne, que Ra porte le disque solaire sur sa tête d'épervier, et que passe la pompe panathénaïque. Ces images des anciennes croyances, et qui furent regardées avec piété dans leur temps, s'adressent à la curiosité des siècles.

Léonard de Vinci, qui n'était pas un halluciné, conseille à l'artiste en mal de composition, de considérer attentivement, et de près, le crépi d'un vieux mur pour y découvrir des formes et des agencements de ligne. Qui n'a vu dans les braises du feu, aux heures silencieuses de la nuit, des esquisses monumentales ou de singuliers visages ? L'illettré ne verra-t-il rien parce qu'il ignore le nom primitif de ce qu'il voit ? Devant le couronnement de la Vierge de Fra Angelico, faut-il absolument être un diseur du rosaire, réciter les litanies ou bien se remémorer du Pindare devant le Parnasse ? L'action musicale de ces ouvrages se produit sur l'ignare, en mode indéfini et d'autant plus puissant, parce qu'aucun élément critique ne se mêle à sa sensation, parfaitement ingénue.

L'homme est un animal esthétique autant que religieux, il sent la perfection sans pouvoir la définir ; elle lui cause un noble plaisir. Qu'importe, je vous en prie, que le torse récemment découvert au palais Sforza, à Milan, soit celui d'un Mercure ou d'un Argus, et qu'il marque la place où Ludovic le More mettait son épargne ou ses reliques, ou toute autre chose ? Celui qui jouit de cette forme héroïque, la plus belle après les nus de la Sixtine, n'a que faire des circonstances et du lieu. Quel commentaire donnera le plus érudit des professeurs au geste de Dieu le Père créant les mondes, sinon d'accumuler des adjectifs enthousiastes ? S'il veut, à propos de ce geste, développer la cosmologie, il détruira l'impression artistique. S'il raconte le procès de Galilée, il nous change de plan et nous devenons historiens, critiques et bientôt hommes d'un parti, héritiers d'une rancune séculaire, sectateurs d'un programme social. Du plafond de la Sixtine notre pensée, à force de descendre, aboutit rue du Croissant parmi les camelots crieurs des dernières nouvelles.

Taine, l'immortel historien, a trop considéré l'art comme un témoin des annales et un reflet des mœurs. Comme je l'ai marqué d'abord, la formation intellectuelle des professeurs étant exclusivement scripturaire, ils ne manquent point d'écraser l'œuvre d'art d'un cadre de scènes du temps, et d'ajouter au moins une prédelle annalistique à chaque ouvrage. Par cette opération ils tirent à eux les Beaux-Arts qu'ils interprètent d'une façon ecclésiastique, jalouse et systématique. L'esthétique pratique agit autrement ; elle éloigne les traits de race et d'époque, pour ne conserver que ceux de la beauté abstraite, vraiment essentielle.

Les rois d'Espagne, les infantes et les idiots de Velasquez, tous laids de visage, médiocres d'âme, n'intéressent que l'historien ou l'homme de métier. De ces représentations aucune beauté abstraite ne sort, et devant la trogne d'Innocent X, l'amateur seul se pâme. Il faut connaître le temps du personnage et les difficultés vaincues par l'artiste, pour s'y plaire, au lieu que Saint-Georges qu'il soit de Raphaël, de Mantégna, de Carpaccio, correspond à une notion d'héroïsme existante chez tout spectateur. Hercule, ou Thésée, ou d'Artagnan, ou Lagardère, le demi-dieu, l'ange ou le mousquetaire est un des quelques personnages du Guignol humain, que le plus simple reconnaît, à coup sûr. Évidemment l'homme ingénu est exposé à se tromper sur le mérite de l'exécution et à trouver que M. Bouguereau ressemble au Sanzio et M. Henner au Corrège, à confondre la souffrance physique du *Milon* de Puget avec la douleur morale des *Captifs* de Buonarotti. Cependant il ne prendra pas *l'Enterrement d'Ornans* pour une toile digne du Louvre : et c'est toujours cela.

Si le sujet égare quelquefois, plus souvent il avertit. Le nu et la draperie sont presque des conditions de la beauté ; le Pégase de Mantégna l'emportera toujours sur un cheval de Géricault. Paganisme ou Christianisme, fables grecques ou légendes dorées, mythes ou contes de fées, le domaine de l'imagination instinctive est le plus idéal et le plus synthétique qui soit. Si, par hasard, on trouve un numéro du *Petit Journal*, et qu'on lise le feuilleton, on s'apercevra que son public n'aurait pas supporté *L'Assommoir* et qu'il exige, malgré la platitude de la forme, certains beaux sentiments. Il ne faut pas mesurer la perception artistique du peuple sur son niveau littéraire, comme on le fait d'habitude. Pour lui la langue des formes, claire et commode, n'a point d'obscurités; le lion et le tigre de Barye et de Delacroix, la musculature de Michel-Ange, le frappent vivement et il se lasserait vite aux sextines de Dante.

Il y a une excellente raison pour que le peuple sente les représentations plastiques, car il accomplit dans les divers métiers des mouvements rythmiques et précis. Depuis le typographe qui fait concorder son geste avec celui de la rotative jusqu'au haleur des canaux, les travailleurs corporels perçoivent remarquablement la justesse des attitudes. L'habitude de résoudre empiriquement, les proportions de l'effort et sa progression ; d'adapter une manière, la plus aisée, pour un résultat dynamique, les dispose à bien juger des gesticulations. Comment la Victoire de Samothrace est-elle devenue si vite la plus admirée des statues du Louvre, malgré qu'aucune tenture ne la désigne, comme la Milo, à l'attention des visiteurs ? Par son lyrisme. Ni la victoire de Brescia, ni celle de Pompéï, ni celle de Paiamos ne réalisent aussi plastiquement l'idée triomphale.

C'est dans les relations de son activité propre avec l'idéal que l'individu découvre la Beauté. Ces relations sont plus nombreuses chez l'homme du travail que chez l'homme de loisir. La composition des cabinets d'amateur en dit long sur leur mentalité qui reflète presque toujours l'opinion (!) des marchands et l'autorité de la Bourse. Tandis que Decamps bourrait son poêle avec ses œuvres, Delacroix laissait à mille francs ses tableaux de chevalet : cela ne suffit-il pas au procès simultané du marchand et du collectionneur ?

Une visite au Louvre d'où l'on

sort harassé ne laisse qu'un mirage confus de choses précieuses ; il faut fréquenter le Louvre et le voir par petites sections, y étudier un maître ou une œuvre et sitôt l'application épuisée sortir, sans se disperser par curiosité. Ce conseil, plusieurs se le sont donné à eux-mêmes ; le jour de chômage ou le moment libre dans une course pour le patron, ils se hâtent vers un chef-d'œuvre, le regardent comme s'ils voulaient le manger et s'en vont comme s'ils l'emportaient! D'autres amènent leur femme et leurs enfants et professent avec un peu de fatuité bien pardonnable. Ce mouvement, qui commence à peine, s'accentuera à mesure que l'esthétique, débarrassée de son appareil pédantesque, se fera accueillante. Wagner s'inquiétait peu du suffrage de ses confrères et des approbations officiellement compétentes; il préférait l'ingénu pâlissant ou pleurant, au hochement laudatif des doctes du contre-point. Être senti, pour lui, c'était la bonne façon d'être compris: et on supposera, sans erreur, que telle fut toujours la prédilection des maîtres, en matière d'amiration.

La perte d'une bibliothèque, si déplorable soit-elle, ne se compare pas à celle d'un musée où chaque objet, unique au monde, représente un individu vivant. Or, le plus optimiste des pronostiqueurs n'oserait dire que l'ère des révolutions soit close et que nous ne reverrons pas des jours d'affolement où quelques énergumènes joueront aux Erostrates. A ces lugubres moments, la maréchaussée débauchée ou occupée ailleurs, ne défendrait pas sûrement le Louvre, tandis que le peuple sauvera son Palais, s'il en est l'habitué ; si, travailleur, il a conçu en son âme un sentiment pieux pour cette cathédrale du travail. Maintenir l'égalité du pauvre et du riche (ici l'égalité s'appelle la gratuité) à la porte de nos musées, c'est les mettre sous la sauvegarde de cette même foule d'où sortirait le péril.

Chez l'homme de loisir, aucun rapport exact ne relie les idées aux mœurs ; les opinions ne teintent pas les actes. La faculté de se cultiver en tous sens, renouvelle trop les impressions pour qu'une prédomine et engage la conduite. Le laborieux, réduit à peu d'occasions émotionnelles, vibre plus longtemps et penche à modifier ses habitudes dans le sens où sa sensibilité a été ébranlée. Contre la vulgarité et les acoquinements journaliers de l'atelier et du chantier ; contre la lecture échauffante des théoriciens et l'entraînant lyrisme des sectaires ; contre l'exacerbation des tendances justiciaires et libertaires ; contre toute la mauvaise eau-de-vie de la politique idéologique, la contemplation d'art se présente comme le plus précieux des antidotes; elle pacifie, elle harmonise, elle rétablit le cours normal de la pensée. Il existe une hygiène morale, quoique l'État n'en ait pas fait un département ministériel et d'autant plus nécessaire dans une période d'émancipation où l'individualisme s'exagère souvent ses droits et du même coup abrège ses devoirs. Lorsque Caliban nous dit dans la *Tempête* que la force de Prospero provient de ses livres mystérieux, il touche au grand secret de l'évolution. Son instinct lui fait découvrir que le pouvoir appartient toujours à la plus haute culture et les bouleversements nationaux n'infirment point ce fait, si on comprend les phénomènes de la volonté dans le mouvement cérébral.

Il ne s'agit plus de peser ce qui vaut le mieux d'un peuple d'obéissants ou d'émancipés et de réserver une certaine zone du savoir aux classes dirigeantes. A elles de reconquérir leur prestige, si elles en ont l'énergie.

« Par le ciel, Horatio, voilà trois ans que j'en fais la remarque : le monde est devenu singulièrement subtil et le manant suit le courtisan de si près que son orteil lui écorche les talons ». La remarque d'Hamlet, qui ne l'a faite ? La distance diminue tous les jours entre le bourgeois stationnaire et l'ouvrier qui évolue. L'un, s'il étudie, ne développe que son sens critique, l'autre s'enthousiasme ; l'un juge et souvent mal, l'autre admire. L'enthousiasme est la plus grande force de l'âme, elle assure à qui la contient l'hégémonie prochaine, car elle incarne la virtualité. L'avènement du christianisme, la croisade, la révolution, ne furent que des mouvements de la sensibilité. Sans connaître ce qui se fera, on peut affirmer que les grands changements ne seront que des enthousiasmes fastes ou néfastes. L'art seul prêche bien le sermon de la paix et donne, sans soulever de méfiance, les conseils de mesure et de temporisation nécessaires.

Celui qui contemple le chef-d'œuvre manifeste de la sagesse, une tendance à la douceur. On a largement parlé d'éducation civique : la garantie majeure, que le citoyen doit à la nécessité de l'ordre, paraît dans son respect du passé et dans le plaisir tout à fait pur, presque sacré, qu'il sait prendre, devant l'œuvre d'art.

Oui, il faut enrichir le Louvre, non par quelques Turner ou Constable, ou de faux primitifs ; mais, par le nombre de visiteurs.

Tel qu'il est, le Louvre sera riche, le jour où le peuple ira souvent s'y réjouir, comme il va aux champs et qu'il partagera ses loisirs entre sa chère Banlieue et les chefs-d'œuvre.

Ceux qui croient que la sensation d'art exige des études préliminaires se trompent. L'homme primitif sentit bien plus vivement la mystérieuse dignité du soleil que le moderne astronome qui mesure sa distance relativement à la terre. Il faut demander à l'esthétique une réaction contre le scientisme exagéré. Nous vivons de sentimentalités et non de lois : dans les nouveaux programmes, on oublie trop que le bonheur et le malheur sont des termes positifs où le déterminisme perd sa signification, et que la vie animique ne s'entretient pas avec des éléments cérébraux. Voilà pourquoi l'avènement du peuple aux joies du Louvre représente une des plus belles étapes du socialisme, et la seule garantie qu'il faille escompter, pour le salut des chefs-d'œuvre, dans l'avenir.

TABLE

AU LECTEUR	5
L'INFLUENCE ALLEMANDE. . . .	31
L'ESTHÉTIQUE ET L'ENSEIGNEMENT .	62
LE LOUVRE ET LE PEUPLE . . .	81

Mayenne. Imprimerie Ch. COLIN.

LIBRAIRIE E. SANSOT et Cie, ÉDITEURS
, RUE SAINT-ANDRÉ-DES-ARTS, — PARIS

Les Idées et les Formes

PAR

PÉLADAN

Série de dix monographies complètes format petit in-12 couronne à 1 fr. le volume.

La dernière leçon de Léonard de Vinci à son académie de Milan, précédée d'une étude sur le maître. . . . . 1 vol.
Origine et esthétique de la tragédie. 1 vol.
Le Secret des Troubadours : *De Parsifal à don Quichotte* . . . . . . 1 vol.
Le Secret des corporations : *La clé de Rabelais.* . . . . . . 1 vol.
Introduction à l'Esthétique . . 1 vol.
De la Sensation d'Art (à paraître). 1 vol.
La Doctrine de Dante (à paraître) . 1 vol.
Rapport au public sur les Beaux-Arts (à paraître). . . . . . 1 vol.
De l'Androgyne (à paraître) . . 1 vol.
Le Secret de la Renaissance : *De l'Humanisme* (à paraître) . . . . . 1 vol.

www.ingramcontent.com/pod-product-compliance
Lightning Source LLC
Chambersburg PA
CBHW070155230526
45471CB00002B/681